U0570541

中华先烈人物故事汇

高君宇

主　编
张树军

副主编
王相坤

编　著

王相坤　丁守卫

学习出版社

目 录
Contents

引 子

在《山海经·海外北经》中，有这样一则故事："夸父与日逐走，入日；渴，欲得饮，饮于河、渭，河、渭不足，北饮大泽。未至，道渴而死。弃其杖，化为邓林。"

这便是我国著名的上古神话"夸父逐日"的故事。

不知怎的，在写《高君宇》一书时，我的脑海中总是油然想起"夸父逐日"的神话故事，情不自禁地把高君宇与"夸父"联系起来，觉得在短暂的一生中至死不渝地追求理想追求革命追求爱情的高君宇就像是一个现实版的"夸父"令人肃然起敬。

诚如我们所知道的，生于1896年10月的高君宇既可以说是生不逢时，又可以说是生逢其时。说生不逢时，当然是因为19世纪末正是气数已尽即将崩溃的大清王朝最黑暗最腐朽的年代，从《南京条约》《北京条约》到《马关条约》《辛丑条约》……在那样一个"运交华盖欲何求"的年代，身为中国人真的是一种悲哀；说生逢其时，乃是因为正如鲁迅先生所说："地火在地下运行，奔突；熔岩一旦喷出，将烧尽一切野草，以及乔木，于是并且无可朽腐。"在高君宇的童年以及青少年时期，令人稍感欣慰的是，"昏睡百年"的"中国睡狮"已经渐渐觉醒，中国的民族革命——无论是早期的资产阶级革命还是紧随其后但却后来居上且为无数中国的劳苦大众拥护的无产阶级革命已经风起云涌，势不可当……

所谓"时势造英雄"，正是在这样一种大变局的"时势"下，在中国这样一方大历史的舞台上，才成就了像高君宇这样许许多多立志济世救国救民的真英雄！

说到高君宇，也许有人不太熟悉，但要说到五四运动，在今天恐怕无人不知，无人不晓。作为当时北京大学学生会的主要负责人，高君宇就是那场著名的反帝爱国运动的组织者与领导者之一，在那个中国近现代史中具有特殊意义的日子里，正是他带领着学生冲入卖国贼曹汝霖的住宅，参加了痛打章宗祥、火烧赵家楼的英勇行动……后来，在我国共产主义启蒙运动的先驱李大钊的指导下，高君宇和邓中夏等北大19名学生秘密组织了马克思学说研究会，这是我国最早研究和宣传马克思主义的团体之一。高君宇也因此从信奉无政府主义转变成为一名坚定的马克思主义者，成为我党最早的党员之一。虽然他未能参加中共一大，但在中国共产党建党前后做了许多积极有益可圈可点可歌可泣的工作。

多少年来，人们一直怀念他，纪念他，对这位革命先驱充满仰慕敬爱之情。即便是毛泽东、周恩来、彭真、邓颖超、薄一波等老一辈无产阶级革命家也对他无限怀念，高度赞誉。虽然，他的一生是那么短暂，犹如"彗星之迅忽"——仅仅只度过了29个春秋，但他的一生却真正如"闪电之耀亮"，是那么璀璨，那么壮丽！

的确，高君宇的一生极为短暂，但其短暂的生命却释放出耀眼的光华，富有英雄的传奇色彩——他是五四运动的骨干，中国共产党的先驱，孙中山的"政治秘书"，周恩来和邓颖超的"红娘"，而他和"民国四大才女"之一的石评梅的那段缠绵悱恻却又超凡脱俗的"高石爱情"更是令人感慨唏嘘，叹赏不已，有着一种悲壮的美，一种崇高的美，一种震撼人心的美……

今天，虽然这一切早已成为过去时，今日之中国也早已不是高君宇当年生活的那个黑暗腐朽任人宰割之中国，但是，读着这样感人至深的故事，我们依然能从中受到启迪，获得教益，内心会情不自禁地勃发起一股不忘初心昂扬向上立志报国振兴中华实现中华民族伟大复兴的浩然正气！

"人生自古谁无死，留取丹心照汗青。"是的，一个人的前途命运总是与国家和民族的前途命运休戚相关。正是从高君宇等革命先烈的生平中，我们才真正地领悟到什么是"生的伟大"，什么是"死的光荣"，也正是从这些革命先烈的故事中，我们更深切地感受到：一个人的理想抱负只有同国家的前途、民族的命运相结合才有价值，一个人的信念追求只有同社会的需要和人民的利益相一致才有意义。

生逢乱世

　　19世纪末20世纪初，是中国历史上最黑暗也是中华民族最危难的时期。由于清政府的腐败无能，中国的民族危机越来越严重。特别是1895年《马关条约》签订以后，中国的半殖民地化进一步加深，农民起义愈演愈烈，社会危机越来越严重。

　　在《马关条约》签订后第二年的10月22日，我党早期著名的革命理论家和杰出的革命活动家高君宇在山西省静乐县城南汾河东岸的峰岭底村（今属娄烦县）的高家大院呱呱坠地了。

　　当接生婆将这一弄璋之喜告诉男主人高佩天时，这位在隔壁焦急等候着的清末"监生"顿时喜出望外，从太师椅上一骨碌站了起来，笑逐颜开地说："真是喜从天降，喜从天降啊！"

按说，高佩天已有子嗣，长子俊德已经蹒跚学步，如今再生下一个儿子原本并不稀罕。究其原因，高家本是闻名静乐县的一大望族，颇有经商之才的高佩天经营有方，挣了一些银两，到高君宇出生时，已是家大业大。无奈"财运好"却"子孙艰"，高家历来人丁不旺，到高佩天这一代，高家竟然只有他这一个"独根苗"，这在"不孝有三，无后为大"的 19 世纪末的中国农村，可是一件天大的事情。因此，高佩天自然希望高家能在自己手上发扬光大，儿孙满堂，人丁兴旺。

　　可以想见，当高君宇出生时，其父高佩天是怎样一种心情了。

　　高君宇，原名"尚德"，君宇这名字是他后来上北大从事革命活动时自己起的。之所以给刚出生的儿子取名为"尚德"，也许，在高佩天看来，正如古人所云："德为才之帅，才为德之资。"人生在世，无非两件大事，一是做好人，二是做好事。无论是做好事，还是做好人，都需要有良好的"德"作为立身之本，如果"德行"不好，那么做人还是做事都绝对不会做好。因此，他给自己的

4个儿子所起的名字都离不开一个"德"字，即：长子俊德，次子尚德（高君宇），三子全德，四子宣德。

和许多从小受到父母以及外公外婆爷爷奶奶娇惯甚至溺爱的男孩一样，高君宇儿时也是一个爱动贪玩的"野孩子"。他从牙牙学语到上私塾之前，受到父母以及外公外婆的"严格宠爱"，一年四季，很多的时候大人们都把他"圈"在院子里养育、看护，如鲁迅先生所说，平时"只看见院子里高墙上的四角的天空"，但是，也许是天性使然，从小到大，在高君宇的身上，丝毫看不出那种柔弱、胆怯以及拘谨、呆板、自私的气质，相反，给人的印象却是一种倔强、好胜、勇敢、活泼以及正直、仗义、坦荡的性格。

尽管是村里最有钱人家的小少爷，但高君宇从来不娇气，更不傲气，平时和村里那些穷孩子在一起，从来不觉得自己高人一等，而是和那些光屁股的穷孩子打成一片，玩在一起：撒尿和泥捏泥人，过家家，捉迷藏，上山捉蚂蚱，上树掏鸟蛋……春天来了，他会陪着村里的放牛娃到村外的荒坡上放牛，用叶笛吹几曲村里几乎人人会唱的信天游，累了，就躺在青草地上，看山雀飞翔在碧空之上；夏天到了，就背着家人，与小伙伴们偷偷跑到汾河岸边，脱光衣服，"扑通""扑通"地跳进河里，扎猛子、打水仗……

一天，高君宇和小伙伴们在树下玩耍。树上的一只乌鸦突然"哇哇哇"地叫起来。乌鸦在当地一直被视为不祥之鸟，人们对它的叫声极为反感。恰在这时，一位老农挑着一担稻谷从树下经过，一听到乌鸦凄厉的叫声，便停住脚步，艰难地把担子从右肩换到左肩上，然后抬起头用眼瞪着树上的乌鸦骂道："叫什么叫？你还嫌我们穷人的苦难不够吗？啥时候灭了你就好啦！"

老农走后，高君宇对着乌鸦窝痴痴地看了半晌，然后跟小伙伴们说："咱们把这乌鸦窝给端掉吧！"

小伙伴们仰起头，看到树杈间的乌鸦窝这么高，树又那么难爬，都说："怎么端啊？"

一个小伙伴试着爬树，可只爬了半截，就害怕了，抱着树小心地滑到地上。高君宇说一声："我来。"然后脱掉鞋子和外套，抱着树手脚并用一个劲地往上爬。

恰在这时，来找他的哥哥高俊德看见了，吓得大喊："尚德，危险，快下来！"

高君宇没理会哥哥，继续吃力地往上爬，终于爬近乌鸦窝，用手将它掀翻，掉落到地上，然后，再抱着树，慢慢从树上滑下，划根火柴，将乌鸦窝一把火给烧了……

晚上回到家，听了大儿子俊德的话后，虽然不识字但通情达理一向性格温和为人厚道的母亲一反常态，涨红了脸批评高君宇说："傻孩子，你也不想想，树那么高，你爬上去，万一摔下来，那是要出人命的，你考虑过后果吗？"

高君宇满不在乎地说："我才不怕呢！"

望着这个既勇敢又莽撞的孩子，母亲眼里闪着泪花，心里真是又爱又怕。

常言道："三岁看大，七岁看老。"还在很小的时候，高君宇就一腔正气，疾恶如仇，似乎天生就有着一种爱国情感。

1900 年，一场轰轰烈烈的义和团运动在充满屈辱、苦难与血泪的中国大地上爆发了。义和团运动的风暴中心在山东、河北、天津、北京一带，但很快也波及到山西。那些天里，年幼的高君宇常常听到大人们议论义和团怎样可爱，怎样英勇，洋鬼子怎样可恨，怎样凶残，竟然跑到中国来杀人放火，屠杀义和团……

一天，高佩天外出经商回家，正和乡民们谈论义和团抗击洋人和八国联军侵华的事件。高君宇坐在那儿，先是认真地听，然后，忽然拉住父亲的手说："给我做大刀和长矛！"

父亲听了发愣，就问："你要那些干什么？"

高君宇握紧小拳头说："我要杀洋人！"

父亲和众人一听都哈哈大笑。谁知过了几天，父亲竟真的让人用木头给高君宇做了一把大刀和长矛。

高君宇自然欢喜不尽。在以后的日子里，他经常拿着大刀和长矛带领村里的小伙伴煞有介事地玩"义和团痛打洋鬼子"的游戏，一边穿街过巷追杀"洋人"，一边还喊着"杀灭洋人，保卫中华"的口号。以致连村里的大人们都经常驻足观看，啧啧称

赏，说小尚德是个有血性有志气的男孩。

7岁的时候，高君宇和哥哥高俊德一起，被父亲送到本村段化行在家里开办的"家塾"去读书。段化行是晚清秀才，很有学问，据说能背半部《康熙字典》，高佩天想让两个儿子拜师于他，以便能够名师出高徒。

但事实证明，这位先生"茶壶里装饺子——有货倒不出"，虽有学问却不善言辞，平时只是一味让学生读书、背书，却很少讲解，不会教授，以致高君宇刚开始对蒙馆读书生活还津津有味，没过多久就感到索然无味了。儿童的精力是需要发泄的，于是，他便时常溜出蒙馆和那些"野孩子"一起玩耍、打闹，或是偷偷跑到打谷场和"长工屋"，去听那些爱讲古书的老人们讲三国演义，讲水浒传，讲李闯王揭竿起义，讲太平天国和义和团的故事……听这些故事时，高君宇经常听得入了迷，他多么希望自己将来也能成为一个行侠仗义、杀富济贫的英雄啊！

望子成龙的高佩天发现高君宇逃学后有些生气，仔细了解具体原因后，他既没有抱怨先生，也没有责骂儿子，而是于 1907 年将高君宇和哥哥高俊德送到闻名全县的大财主娄烦镇尹家的私塾里读书。据说，尹家私塾的塾师冯乐善是位颇有名望的老秀才，不仅德高望重，而且治学有方，为人称道。

在尹家私塾读了两年书，这时科举制已经废除，这使一心想通过科举让儿子走上仕途的高佩天颇为失望。尽管这样，学总是要上的，于是，高佩天又把两个儿子带到自己做生意的静乐县城，送入县立高等小学堂读书。

高君宇在县立高等小学堂学习期间，正是中国内忧外患严重、政局严重动荡的年月。晚清时期，腐败无能气数已尽的清政府对外无法抵御外侮，对内不能实行有效的改良，以致中国半殖民地半封建社会的矛盾日益加深，人民生活水深火热。为挽救民族危亡，以孙中山为代表的资产阶级革命派，以反帝反封建为己任，以推翻清朝腐朽统治为目的，积极开展革命活动。在全国人民革命运动的浪潮冲击下，清朝统治已是众叛亲离、摇摇欲坠了。

一天，高君宇很意外地发现了父亲的"秘密"。

那天，他受了风寒感冒发烧，父亲给他服下一剂草药后，就让他睡在自己的那间屋子里。服下药后，高君宇迷迷糊糊地睡着了，等醒来时，他忽然听到父亲正和几个人在谈论着什么，仔细听来，原来父亲他们谈论的是前不久刚刚发生的黄花岗起义，就听父亲压低声音说：

"清王朝气数已尽了。……现在那么多人拥护革命党，跟着孙中山从事反清革命。清朝一完蛋，列强跟着就会滚蛋了！"

以后的日子里，高君宇放学回家，又有几次看到父亲在家里和几个客人悄悄议论国是，就听父亲说什么"驱除鞑虏，恢复中华，建立民国，平均地权"，"凡入我会者一律平等"，高君宇就想，父亲他们为什么老在一起悄悄聚会，为什么老是在谈论革命呢？"莫非父亲他们是同盟会,是革命党吗？"

有一天，高君宇与父亲单独在一起，故意向父亲提出这一问题时，高佩天先是一惊，然后不置可否地对他说："你们小孩子不要关心这些事情。"

尽管父亲没有正面回答，但聪明的高君宇还是从父亲的神情中猜到了答案。

果然，1911年10月爆发的辛亥革命胜利后，几千年的封建统治被推翻了。在静乐县，高佩天积极参加革命活动，成为静乐县首批同盟会会员。新政权成立后，高佩天被推为温泉都团总，负责组织民团，维护地方秩序，革除旧政，推行新政，同时又被推为县商会会长。

在县立高等小学堂读书即将毕业前夕，那天父亲高佩天把两个儿子叫来，对他们说："你俩读书已快10年了，常言道'子长十五夺父志'，下一步该干什么？你俩自己决定吧。"

高俊德因体弱多病，早就不想用功苦读了，当即表示回家找个差事做做。而一向成绩优秀求知欲极强的高君宇也向父亲表达了自己的心愿：继续深造。

对于高君宇想继续求学的要求，父亲高佩天不仅深表赞同，而且非常高兴。尽管科举制已经废除了，但是，他认为，要想出人头地，乃至成为国家的栋梁之材，唯一的出路还是读书，多读书。尚德不仅聪慧好学，而且有胆有识，只要好好读书，将来一定会有出息的!

1912年,16岁的高君宇怀着强烈的求知欲来到省城太原,以优异的成绩考入山西省立第一中学,分在第七班。

在山西省立一中,他"立意深造,勤苦力学",几乎对每门功课都很感兴趣,而且刻苦钻研。学校里设有自习室,无论寒暑,他总是同学中来得最早,离开最晚的一个。因而,他的每门功课都很优秀。据他当时的同学李灵通先生后来回忆说:"君宇学习很用功,对各门功课都有很浓厚的兴趣。他不嗜烟酒,不喜游逛,课余时间多在图书室看书,学习成绩很突出。"

教授他语文的一位老先生对他青睐有加,常常在班上发出由衷的赞叹:"尚德聪颖好学,见识不凡,日后必成大器。"

老先生姓石名铭,字鼎臣,系清末举人,当年朝廷原拟放任清河县正堂,奈何他性格耿直,不善趋炎附势,所以一直滞留在家。石铭老先生虽然耿介,但课讲得却特别好,深受学生们的喜爱。而且,他还特别爱才,对高君宇经常赞不绝口。

有一次，他与同校另一位语文教师、三晋著名书法家常赞春闲聊时说："尚德这孩子，少年老成，见识不凡，所作诗文，多有奇气，日后必成大器！我若有这样的儿子，则此生无憾矣！"

常赞春知道石铭有一女儿，名叫石评梅，颇为聪慧，酷爱读书，就开玩笑说："尚德做你儿子已无可能，但做你东床快婿岂不更好？"

石铭听后，愣了一愣，叹道："自古姻缘天注定，就不知道这两个孩子长大有没有这样的缘分了？"

当时，常赞春与石铭不过是随口说说罢了，没想到，十年后高君宇与石评梅之间竟然真的产生了一段若真似幻的"高石爱情"，演绎了一段爱情的悲剧！此乃后话，暂且不说。

平时，除了用功学习课本知识，高君宇还十分关心国家大事，广泛涉猎许多课外书籍，阅览一些宣传新思想、新文化的书籍报刊。这些书籍和报刊，像一把把神奇的钥匙，渐渐打开了他年轻的心扉，让他看到了和以前所看到和想到的不一样的世界，在不知不觉中，越来越拓展了他的视野，深刻了他的思想……

当时，辛亥革命后所发生的一切，并不像人们原来所想象的那样乐观，先是袁世凯攫取了辛亥革命的胜利果实，实行了一些倒行逆施的政策，继而又亲自策划、指使亲信刺杀了极力主张资产阶级政党政治的革命党人宋教仁，在全国引起轩然大波。一时间，和全国许多人一样，高君宇对辛亥革命感到了失望，他问自己，问苍天，中国什么时候才能强大起来？中国人什么时候才能脱离苦海？

1915 年 5 月 9 日，窃国大盗袁世凯以换取日本帝国主义者支持他做"皇帝"为条件，接受了日本提出的旨在灭亡中国的"二十一条"，民族危机进一步加深。

袁世凯的倒行逆施激怒了全国人民，遭到了举国上下的一致反对。山西省立一中的学生在全国革命浪潮的影响下，也自发组织起来了。文瀛湖畔集会的学生群情激愤，怒潮汹涌，反对袁世凯的斗争一浪高过一浪。"打倒日本帝国主义！""还我河山！"的口号声响彻云霄……

在山西省立一中的反袁斗争中，被同学们称为

"忧国志士"的高君宇是学生中最为积极的一个。

高君宇等人的正义行动，得到了广大爱国师生的一致响应和支持，但有些人担心引火烧身，害怕丢了饭碗，对反袁斗争不闻不问，也有些老师出于对学生的爱护和关心，暗暗为高君宇担忧。一天，一位善良的老师把高君宇叫到自己的办公室，好心地提醒他说："尚德，你要冷静点，不要太激进！这可是国家大事，弄不好是要坐牢、杀头的。你勤奋好学，成绩又好，将来前途无量，不要因此葬送了自己的前途！"

高君宇感激这位老师的好心提醒，但并没听从老师的劝告。他想，天下兴亡，匹夫有责。事关国家民族的前途和命运，如果大家都不去过问，不去抗争，那中华民族还有前途还有希望吗？于是，他暗暗叮嘱自己："你不是从小立志要学义和团吗？要学孙中山吗？在关键时刻，可千万不能退缩啊！"

就这样，高君宇义无反顾地继续投身到了反袁斗争中，和一些思想进步的同学经常秘密集会，印发反对"二十一条"反对袁世凯的传单到街上散发。袁世凯的亲信、山西巡按使金永责令警备司令部彻查，但终未查获传单的编印者和散发者，气得金永大声咆哮："你们都是一群废物！"

不久，在全国人民的一片"倒袁"声中，袁世凯只做了83天的"皇帝美梦"就一命呜呼了。反袁斗争总算暂时取得了胜利。光明战胜了黑暗，正义战胜了邪恶，和许多人一样，高君宇的心里有一种说不出的喜悦，让他高兴的不仅是亲眼看到了袁世凯的覆灭，看到了反动统治者的可耻下场，更重要的是，通过这次斗争，他深刻地认识到人民群众的威力，思想观念也发生了深刻的变化，从此决心投身到时代与革命的洪流中去。

因而，在山西省立一中毕业后，高君宇没有顺从父亲的意愿到官场谋职或回乡经商，而是毅然作出决定：赴京求学，继续深造。

他想："天高任鸟飞，海阔凭鱼跃"，而北京正是自己实现"精忠报国"理想和壮志的天空和海洋。

北大的摇篮

1916年9月，正是北京秋高气爽的季节，高君宇在父亲的陪同下，从山西来到北京，考入了当时全国最高学府——北京大学理预科。在北大，他的人生发生了重大转折。

在被北大录取后等待开学的日子里，高君宇和父亲在北京四处游逛了一番。北京自然要比太原繁华热闹多了。但是，说实话，高君宇对北京的第一印象并不好，当他看到黄头发、蓝眼睛、高鼻梁的外国人趾高气扬地搂抱着涂脂抹粉的中国女人坐在黄包车上，让弯腰驼背的黄包车夫拉着到处招摇过市，那些穿着长袍马褂的清朝遗老遗少依然悠闲自在地手提鸟笼迈着八字步遛鸟，那些穿着一身制服的巡警见到那些衣衫褴褛的乞丐就大声呵斥，而见到洋人则点头哈腰，卑躬屈膝……此情此景，让高君宇深感失望！

他想，这就是自己以前一直梦寐以求的北京吗？这就是中华民国吗？那些天里，一种惊愕、失望、悲愤、抑郁和痛苦的情绪，时时郁积在他的心头。

开学后，他以为北大这座全国最高学府会别开生面，别有洞天，焕发出一种新的生机与活力，但是，他很快也一样感到了失望。他发现，虽然辛亥革命后，原来的京师大学堂改为北京大学，但依然是换汤不换药，整个学校依旧散发着一股令人窒息的封建腐朽气息。课堂上，有些依然拖着辫子的老夫子思想陈旧，迂腐不堪；放学后，一些师生打麻将、捧戏子、吃花酒、逛八大胡同（即妓院）……而且不以为耻，反以为荣。

"就连全国最高学府的校风都是这么龌龊这么腐败，这样下去，中国还有希望吗？"

就在高君宇苦闷、彷徨，怀疑自己是否作出了错误的选择，后悔自己不该到北京来甚至想归去来兮之际，他偶然间看到了一本杂志，一篇文章，犹如电光石火一般，让他忽然间眼前一亮。

这本杂志名叫《新青年》，而这篇作者署名"李大钊"的文章的题目叫作《青春》，其中有这样的文字：

……吾愿吾亲爱之青年，生于青春死于青春，生于少年死于少年也……进前而勿顾后，背黑暗而向光明，为世界进文明，为人类造幸福，以青春之我，创建青春之家庭，青春之国家，青春之民族，青春之人类，青春之地球，青春之宇宙……

犹如在波涛汹涌的大海中忽然看到了穿过黑夜的灯塔，尽管并不明亮，但却一下子照亮了高君宇一度迷茫的心空，让他重新找到了自己人生前进的方向，从此，他开始将这本传播新思想播撒新希望的《新青年》杂志视为自己的良师益友，每期必看，爱不释手，其中，对李大钊、陈独秀的文章更是百看不厌，渐渐地，那曾濒于熄灭的希望之火又在他的胸中熊熊燃烧起来……

很快，好消息便接踵而来。1916年12月26日，曾经出任过民国临时政府教育总长的蔡元培先生从法国留学归国，受命担任北京大学校长。就任后，他力排众议，聘请《新青年》主编陈独秀为文科学长，并聘请李大钊、胡适、钱玄同等"新派"人物在北大任教，采用"思想自由，兼容并包"的办学方针，实行"教授治校"的制度，提倡学术民主，支持新文化运动。如此一来，北大原有的陈腐气息迅速被一扫而空，长期死气沉沉的北大开始焕发出勃勃生机，呈现出一种从未有过的清风拂面、百花齐放的喜人景象，因此也成为全国新文化运动的策源地。

能够生逢其时、近水楼台，对于心忧天下的高君宇来说，无疑是一种幸运。这样的北大，在他看来，才真正是自己理想中的熔炉，是自己梦寐以求的摇篮。一个从黄土地上走出来的性格质朴、感情醇厚的晋中青年，忽然间感到如鱼得水，豁然开朗。

在人生的旅途中，自己应该走什么路？怎样走好自己的路？到这时候，他已不再陷入人生的迷茫，而是开始有了自己的规划，自己的主张。

进入北大不久，高君宇就有幸从文章中"结

识"了陈独秀和李大钊等人，多次聆听过他们的教诲。他们的言行，让高君宇耳目一新，心中把他们视为自己的思想导师。以前，在不知不觉间，他曾信仰过无政府主义，但在陈独秀、李大钊的文章的引导下，他很快就从无政府主义的圈子里跳了出来，心甘情愿地投入马克思主义真理的怀抱之中。

当时，高君宇经常和邓中夏、许德珩以及张特立（即张国焘）等几个思想进步一心想探求救国救民真理的热血青年在一起谈论国事，研究新学。有时，说到激愤处，大家都情不自禁，声泪俱下，其忧国忧民之情状，宛然可见。这和那些对国家前途命运麻木不仁漠不关心整天只知道为一己之私利处心积虑费尽心机的青年形成了鲜明的对比。

1917 年 11 月 7 日，在列宁的领导下，俄国十月社会主义革命取得了伟大的胜利，开创了人类历史的新纪元。但是，当时的北洋军阀政府对这一重大的国际政治事件并没有予以特别关注，许多中国人对此也并不关心，以致国内只有很少的几家报刊先后发了几条很短的消息。

当天，高君宇在北大图书馆藏书楼翻阅报纸，当看到《民国日报》"要闻"栏目中的一篇寥寥不过数百字的消息:《突如其来之俄国大政变》，报道沙皇政府已被推翻，"主谋者为里林氏（即列宁）"，他的精神顿时为之一振。他想，那个曾经不可一世疯狂地参与瓜分中国的沙皇俄国政权垮台了吗？

"沙皇倒台了，知道吗？"他对正在身边看《每周评论》杂志的张国焘说。

"沙皇倒台了？这可是个好消息！邓中夏、许德珩他们知道吗？"

"我现在就去告诉他们！"高君宇说完，便匆匆忙忙地走了。

那些天里，高君宇和邓中夏他们，都对俄国这场革命非常关注，几天后，在11月11日的《民国日报》上，高君宇又看到一篇报道:《俄国大政变之情形——新政府似已得海陆军多数赞助，克伦斯基氏已逃逸，冬军奉命搜逮之》，不仅标题赫然醒目，而且也较以前那则消息更为详尽。尽管，在当时高君宇还认识不到这场革命的意义，以及对中国意味着什么，但在内心中，朦朦胧胧的，他感到这场俄国大革命绝对非同寻常。

不过，高君宇虽然一时对俄国十月社会主义革命还无法深刻认识，但独具慧眼的李大钊却充分认识到了。在看到高君宇看到的同样那几条消息后，经过一段时间的思考，李大钊议论十月革命的文章就像一发发炮弹通过《甲寅》杂志不断"发射"出来，在中华民国建立后依旧黑暗的赤县神州上空轰然炸响。

1917年3月的《甲寅》日刊曾先后刊登李大钊的3篇文章：《俄国革命之远因近因》《俄国共和政府之成立及其政纲》《俄国大革命之影响》。在这些文章中，李大钊认为，俄国君主制度的崩溃和群众民主觉悟的提高是二月革命的主要成果。同时他认为，俄国革命是具有世界意义的事件，是鼓舞中国人民解放斗争的榜样。李大钊写道："今以俄人庄严璀灿之血，直接以洗涤俄国政界积年之宿秽者，间接以灌润吾国自由之胚苗……宜引俄为前车而速自觉察者也。"

到底是一位优秀的政治家，李大钊的洞察力令人感到吃惊，俄国人推翻罗曼诺夫王朝使他联想起了中国的辛亥革命。他懂得，中国革命尚未完成，为了捍卫共和的成果，还有许多事情要做。他认为欲达此目的，中俄两国人民的解放斗争必须团结一致。他指出："平心论之，俄国此次革命之成功，未始不受吾国历史革命之影响，今吾更将依俄国革命成功之影响，以厚我共和政治之势力。"李大钊在分析俄国革命对中国政治发展前景的影响后得出了完全正确的、有根据的结论，即既然中俄之间"存在因果之定律"，这就足以使两国之间建立友好关系。

1918年7月1日，《言治》季刊第三号发表了李大钊的《法俄革命之比较观》。那时是年轻的苏维埃国家生活中最复杂和最困难的时期，帝国主义的宣传机器、诽谤者、庸人、悲观主义者把十月革命描绘成一片混乱、杂乱无章，到处是暴力，等等，把布尔什维克说成是造成这种状况的罪魁祸首。在这篇文章中，李大钊认为俄国事件不是"布尔什维克的阴谋"，而是一场真正的政治和社会革命。李大钊指出，"俄国革命最近之形势，政权全归急进社会党之手，将从来之政治组织、社会组织根本推翻"。李大钊解释说，法国大革命时期的过火行为、骚乱、损失、破坏，同样引起了某些阶层的恐慌、悲观和其他类似的情绪。他写道："在法兰西当日之象，何尝不起世人之恐怖、惊骇而为之深抱悲观。尔后法人之自由幸福，即奠基于此役。……今之为俄国革命抱悲观者，得毋与在法国革命之当日为法国抱悲观者相类欤。"

李大钊把十月革命和法国革命相提并论，正确地称这两次革命是人类历史上的两个转折阶段。法国革命奠定了新时代的基础，决定了19世纪文明的发展，而十月革命则为已经到来的时代奠定了基础。李大钊指出，"俄国今日之革命，诚与昔者法兰西革命同为影响于未来世纪文明之绝大变动"。

作为李大钊的"忠实粉丝"与"追星族"，高君宇当时看过这一期间李大钊议论俄国十月革命的所有文章，特别是看了《布尔什维主义的胜利》之后，他的心灵受到了很大的震撼，思想一下子豁然开朗，从此，对李大钊先生就更为敬仰更为崇拜了。

但高君宇学的是理预科，即使是到这时，与中国最早的马克思主义传播者李大钊先生尚不认识。

高君宇真正认识李大钊是在1918年上半年。当时，英、法、美、日等帝国主义国家开始了对苏俄的武装干涉，英法还纠合一群俄国白匪组织了"北俄政府"。为了参与扼杀刚刚诞生的苏维埃红色政权，北洋军阀政府和日本签订了《中日共同防敌军事协定》。就在这一协定要办理换文手续时，消息被留日学生获悉。这些留日学生满怀爱国热情立即在日本举行集会，反对这一对日本而言旨在干涉苏俄政权并以此进一步控制中国，特别是巩固北满统治的协定。但是，他们的爱国行动遭到了日本警察的干涉和侮辱，这就更加激起留日学生的义愤。许多留日学生毅然罢学归国，以示抗议。

当留日学生代表李达等4人来到北大联络时，高君宇、邓中夏等人听说后无不义愤填膺，怒火中烧。

"这是地地道道的卖国条约！"素以沉着稳健

著称的高君宇按捺不住内心的愤怒，将正端着喝水的茶杯猛地往桌上一放，高声说道。

5月21日，他们发动并组织了北京各大专院校学生2000多人，向北洋军阀政府进行示威请愿。这是中国爱国青年学生举行的第一次大规模游行示威运动，它不仅开创了中国学生请愿的先例，而且也成为五四运动的预演和前奏。

那一天，在通往总统府和各国驻华使馆区的街道上，出现了许多游行的学生。学生们一路高呼着口号，一路散发着传单：

"废除中日军事协定！"

"打倒军阀政府！"

……

高君宇不仅参加了游行，还是这次学生斗争的组织者之一。当看到军警阻拦学生，他立即登上附近一座台阶，发表了一番言辞激烈的鼓动性演说：

"同学们，同胞们，军阀政府的枪炮、棍棒是吓不倒四万万中华儿女的。我们已经觉醒了，不能再任人宰割、摆布了。军阀政府无权随心所欲地出卖中国，中国的命运应该掌握在中国人民的手中，

让我们团结起来，打倒军阀政府，赶走帝国主义！中国人民要独立，要自由！"

也就是在这天，高君宇引起了李大钊的注意。

"这个同学是谁呀？"听高君宇的演说义正词严，激情四射，李大钊问道。

"他叫高尚德，是理预科的学生，平时人很儒雅，想不到今日竟如此慷慨激昂，真是个热血男儿！"

李大钊点点头，说："我在藏书楼里多次见过他，他读起书来是那样痴迷，我还以为他就是个书虫呢！"

虽然这次的请愿，由于学生们上当受骗没有达到预期的目的，但李大钊却对高君宇、邓中夏等学生留下了很深的印象。

这年的秋天，高君宇正式转入地质学系就读，他的成绩优异，在班里总是名列前茅，任课教师对他印象很好，认为他学习认真，且有自己的见解，一位老教授曾对他说："你热爱自己的专业，很有一股钻劲，将来一定会很有前途！"而且，高君宇为人热情，乐于助人，大家都非常喜欢他，因而在改选学生代表时，同学们都选他做学生代表。

但他这时的心思已渐渐不在专业课上。面对"神州陆沉"、任人宰割的祖国，他已不能再安静地坐到课桌前用功读书。

这年5月总统府请愿失败后，高君宇悲愤至极，他一度寝食难安。在总结经验教训的讨论会上，李大钊阐述了严肃组织纪律的重要性和必要性，认为这次运动锻炼了学生队伍，取得了斗争经验，对于以后的革命斗争是一次良好的开端。在李大钊的指导下，大家深刻认识到团结起来共同行动的重要性。不久，高君宇、邓中夏、黄日葵、许德珩等学生骨干几经串联，终于组织了以北大学生为主的学生爱国会，不久，易名为"学生救国会"。之后，又派代表许德珩等人奔赴天津、济南、上海等地联络爱国学生团结奋斗，很快将学生救国会发展成为遍布大江南北的全国性学生团体。

然而，正当高君宇为学生救国会的不断发展壮大而振奋之际，北京政府却下令要来摧残这一爱国学生组织了！这怎能不使高君宇无比愤慨却又焦灼万分呢？

这天，高君宇和邓中夏、许德珩等人来到校园门外的圆明园内，大家席地而坐，围绕学生救国会目前所处的境地及如何开展活动讨论起来。大家各抒己见，畅所欲言。他们认为，鉴于北洋军阀政府对学生救国会之摧残，今后学生救国会若再正常开展活动难度很大，为此，有必要创办一份刊物，以便于和全国各地爱国学生的联系，并加强宣传，唤醒民众。最后，邓中夏、高君宇和许德珩等商讨决定创办《国民》杂志，并确定了办刊宗旨。60多年后，作为全国人大常委会副委员长的许德珩先生回忆说，在筹办和编辑《国民》杂志时，高君宇起过很大的作用。该社的骨干，后来均成为五四运动的直接发动者和组织指挥者。

第二天，当邓中夏、高君宇、许德珩等人兴致勃勃地来到北大图书馆，特意找到北大图书馆主任李大钊，向他介绍筹办《国民》杂志一事，提出想请李大钊为《国民》杂志的导师和顾问。戴着方框眼镜、蓄着八字浓密乌黑的胡须的李大钊先是微笑着，一直静静地听着，等到高君宇、邓中夏等人把话说完，他便用他那带有河北乐亭乡音的话先是高度赞扬了高君宇他们慨然以天下为己任的宏伟抱负和满腔热忱的爱国主义精神，同时，对他们创办《国民》杂志表示赞成，但是，他对即将创办的这份杂志也提出了希望和建议：不仅要针砭现实之弊端，更要揭露列强之横暴，要用爱国的精神和真理的力量唤醒民众！

说到这里，他跟大家透露了一个消息："我正和王光祈、曾琦等人筹建一个以创造'少年中国'的少年中国学会。本学会的四条信约是：（一）奋斗；（二）实践；（三）坚忍；（四）俭朴。凡是有宗教信仰的人、纳妾的人、做官的人均不能成为会员。"

最后，李大钊用诗一般的语言极具感召力地说："我坚信，只要我们共同努力奋斗，我们中华古国就一定会焕发青春，繁荣昌盛！我尽管事务繁杂，但我愿与诸君以及所有的爱国青年站在一起，为拯救劳苦大众、振兴中华民族而奋斗！"

李大钊的话音刚落，高君宇和邓中夏他们就用力鼓起掌来。听了李大钊的话，这几个热血青年都非常感动，也非常激动，更加坚定了要为拯救自己的祖国和劳苦大众而英勇斗争的决心和信心。

很快，一份紧密配合当时正在酝酿中的反帝爱国斗争的政治色彩异常浓郁的刊物——《国民》杂志，在高君宇和邓中夏等这群激进的爱国青年的努力下诞生了。

在五四的风暴中

03

一座用红砖砌筑的 4 层小楼坐落在北京市东城区沙滩大街（今五四大街）29 号，这就是著名的北京大学的红楼。

表面看来，这座红楼没有什么特别之处，但是，熟悉中国近现代史特别是中国共产党历史的人都知道，就是这座看似平常的红楼，曾经涌起过太多风云激荡的历史浪花，承载了太多革命先烈的丰功伟绩。五四运动中，北大学生就是从这座红楼出发到天安门举行了声势浩大的反帝反封建爱国民主运动，继而席卷全国，发出了震惊世界的呼声。也是在这座红楼里，当年李大钊先生潜心研读马克思主义，在此创建了中国第一个马克思主义研究小组，成立了北京市的中国共产党早期组织。

所以，毫不夸张地说，这座北大的红楼，是五四运动的策源地，中国共产党早期组织活动的重要场所。

这座红楼建成于 1918 年 8 月，同年 10 月北大图书馆从马神庙搬迁进红楼的一楼，身为图书馆主任的李大钊其办公室即在一层的东南角一套分里外间的房子里。

犹如众星捧月一般，当时，有许多追求进步向往光明立志救国的北大青年学子像邓中夏、高君宇、黄日葵、许德珩、张国焘、罗章龙以及外校学生像赵世炎等都经常围绕在李大钊的身边，他们经常不约而同来到红楼图书馆，或是阅读革命书刊，或是聆听李大钊的教诲，或是议论国事，发表对时局的看法以及中国的出路等问题……

正是在红楼图书馆第二阅览室里，高君宇与当时在这里"打工"、时任图书书记的湖南人毛泽东相识了。据毛泽东后来回忆这段生活时说："李大钊给我找到工作，当图书馆的助理员，每月给我一笔不算少的数目——八块钱。"在这些来看报的人们当中，我认识了许多有名的新文化运动领袖们的名字。像傅斯年、罗家伦和一些别的人，对于他们，我是特别感觉兴趣的。我打算去和他们开始交谈政治和文化问题，可是他们都是忙人。他们没有时间去倾听一个图书馆助理员说南方土话。"

尽管，在当时，一些像胡适这样自视甚高的所谓学者，不愿搭理只是一个图书管理员的毛泽东，可是，高君宇却不是这样。因为志趣相投，高君宇与毛泽东的交往渐渐多了起来，他们一起聆听李大钊的教诲，一起探讨中国的出路问题，一起参加李大钊发起创立的少年中国学会，还一起在以北大校长蔡元培为会长、《京报》主笔邵飘萍为导师的新闻学研究会里学习，并同时获得"听讲半年之证书"。因此，高君宇也在毛泽东的脑海里留下了非常深刻的印象。

1918年11月11日，德国政府与协约国签订停战协定，历时四年之久的第一次世界大战以德国战败而结束。消息传到中国后，北洋军阀政府下令庆祝，未出一兵一卒"参战"的督办段祺瑞，大肆鼓吹"公理战胜强权"，以此炫耀自己的功劳。

为了庆祝这一胜利，北京各校连续放假3天，北京街头一派喜庆景象。15日、16日，北京大学在天安门举行讲演大会，蔡元培、李大钊、胡适等名流纷纷登台演说。那天，李大钊先生穿着那件深灰色夹长袍，用比平时在讲台上高得多的声音作了题为《庶民的胜利》的著名演说。

　　对于第一次世界大战协约国为什么会取得胜利，不仅在中国，即便是在北大的师生中也截然分成两派观点：一派是以胡适和他的崇拜者北大学生罗家伦、傅斯年为代表，主要迎合北洋军阀政府的观点，认为是"公理战胜了强权"，是美国总统威尔逊的胜利；而另一派则是以李大钊、蔡元培先生以及高君宇、邓中夏等思想进步的北大学子为代表，认为是"庶民的胜利"、劳工的胜利，是列宁的功业，"是马客士（即马克思）的功业"……

　　为此，高君宇和罗家伦还互不相让，展开了针锋相对的争论。

　　这天，高君宇从天安门广场听完演说回来，看到操场上围着一大群人，跑过去一看，原来是那个胡适的粉丝、平时极为活跃的学生罗家伦正口若悬河，发表议论：

"胡适先生在讲演中所说的'武力解决'，就是威尔逊总统在美国国会演说中所提出的'十四条'中的主要内容。因此，在今天天安门前的讲演中，最精彩的就是胡适先生的讲演了！"

高君宇平时性格文静，从不喜欢哗众取宠，但听了罗家伦的这一席话，实在按捺不住，无法沉默，于是便激动地走上前去，冲着罗家伦大声责问道：

"照家伦君的意思，这次欧战胜利是威尔逊的功业？"

罗家伦昂着头，有些轻蔑地笑着反问道："这还用说吗？"

"不！"高君宇顿时涨红了脸，用力挥着手道，"事实上，这次欧战胜利是列宁的功业，是马客士（即马克思）的功业，是世界劳工阶级的功业！……"

"嘻！"罗家伦依旧昂着头，傲慢地笑着说，"你这话完全是守常先生的'庶民的胜利'的翻版！守常先生的讲演只是一家之言，你总不能强行让人们去接受吧？"

"那胡适先生的讲演不也是一家之言吗？"高君宇反驳道。

"但那是事实，那是真理！大家想想，没有威尔逊，没有美国政府，只靠庶民就可以胜利了吗？那只是异想天开，痴人说梦！"说到这里，罗家伦脸上闪过一丝得意之色。

应该说，罗家伦是当时北大的才子，思维敏捷，伶牙俐齿。但是，高君宇虽然只是个"理工男"，但平时用功读书，关注时政，也才思敏捷，口齿伶俐。这边罗家伦话音刚落，那边高君宇不假思索，立即予以反驳道：

"如果家伦君不健忘的话，应该记得蔡校长今天讲演的题目是'劳工神圣'吧？他在讲演中说，'此后的世界，全是劳工的世界呵！'你能说守常先生的'庶民的胜利'是一家之言吗？照家伦君的意思，这次欧战胜利是威尔逊的功业，是美国的功业，但是不要忘了这个事实，假如没有苏俄劳工政府和人民，没有全世界无产阶级，这次欧战能胜利吗？"

高君宇一席话把罗家伦这个素以能言善辩著称全校的风云人物辩得张口结舌，无言以对。支吾半天，他才愤愤地说出一句话来："谁是谁非，自有后人评说。"然后，头也不回地走了。

此次欧战，中国虽然未派一兵一卒，却白白赢得了"战胜国"的美誉，北洋军阀政府高兴得不得了，为了庆祝这一"胜利"，竟然在中央公园特地将那块克林德碑改名为"公理战胜碑"。

当高君宇和邓中夏等几个热血爱国青年走进中央公园，默默凝视着这个用汉白玉雕刻成的"公理战胜碑"时，禁不住想起义和团被镇压、清政府奴颜婢膝丧权辱国的血泪史，他想，那些到处侵略殖民弱小国家的帝国主义列强什么时候崇尚过"公理"？想到这里，他长叹一声，愤然说道：

"克林德碑是中华民族莫大耻辱的象征，是中国战败、中国反帝运动被镇压下去的血的记录。现在改名为'公理战胜碑'，中国从此就不会被外国列强欺辱了吗？"

没想到，高君宇的话很快就不幸而言中，没过多久，那块"公理战胜碑"就狠狠打脸北洋军阀政府以及胡适之流，所谓的"公理战胜强权"只不过是北洋军阀政府的幻想与自欺欺人，事实上，第一次世界大战，严格说来，其实到最后并不是"公理战胜强权"！

的确，对于那些西方列强来说，任何时候都是弱肉强食，遵循的永远都是"丛林法则"。

1919年1月，举世瞩目的巴黎和会开幕了。在中国，许多人天真地以为，"公理战胜强权"，作为战败国，德国战前在中国山东的权益理当无条件交还给"战胜国"中国了。可就在那些对这一会议抱有幻想的人们无不为之欣喜若狂之际，一个不幸的消息犹如一颗巨型炸弹在中国的天空轰然炸响：中国代表团提出的希望条件和废除"二十一条"的正当要求，竟然被巴黎和会拒绝讨论！

和会不"和"，"公理"何在？

这年2月，高君宇被推选为北京大学学生会的负责人，在这个时期，他参加的校内外活动极其频繁，在每次运动中都起到了中坚作用。通过参加社会活动，他不仅提高了思想认识，锻炼了意志，而且也增长了斗争的才干，积累了斗争的经验，成为学生中屈指可数的领袖之一。

为了压制学生的爱国行动，北洋军阀政府总统徐世昌令教育总长傅增湘致函北大校长蔡元培，对高君宇等参加新潮社的学生进行恫吓和打击。高君宇等新潮社骨干得知这一情况后，无不愤然大骂：外不能抵御外侮，内不能推行民主，对如此政府还能寄予什么希望？

4月30日，巴黎和会通过的《凡尔赛公约》竟然完全接受日本的要求，将战败国德国战前在中国山东的利益无条件转让给日本！

5月2日，高君宇正在理科教室和几位同学讨论一些事情，许德珩急匆匆地走进来，高声叫道："失败了，彻底失败了！"

"什么失败了？"高君宇听了一惊，赶忙问："到底是怎么回事？你快告诉大家！"

许德珩愤怒地说："我国外交失败了！巴黎和会变成了一个国际强盗们彻头彻尾的分赃大会！"接着，许德珩把有关情况告诉了大家。

高君宇听了将信将疑，睁大了眼睛望着许德珩说："德珩君，这是真的吗？"

"这是我刚从蔡校长那儿听到的，还能有假吗？"

"真是岂有此理！"高君宇震怒了，他顿时眼睛里燃烧着怒火说："怎么会是这样？不，我们必须采取行动！"

站在旁边的新潮社社员俞平伯说道："对，'天下兴亡，匹夫有责'，这种时候我们不能坐以待毙！"

此时此刻，高君宇尽量使自己冷静下来，沉思了一会儿，他说："时局如此紧迫和严重，我们现在确实已到了守常先生所说的'直接行动'的时候了。唯有如此，才能挽救沉沦的祖国。"

许德珩说："我们现在赶快去串联校内外的同学，一起商讨斗争的策略！"

5月3日晚上，高君宇和许德珩等人召集平民教育讲演团、学生救国会和《国民》杂志社的骨干分子在北大法科礼堂召开紧急会议，商讨斗争的策略。会议开到很紧张的时候，只见十七八岁的刘仁静，因为过于激动和气愤，竟然拿出一把菜刀要当场自杀"以身殉国"，这边同学们七手八脚刚刚把他的菜刀夺下，那边北大法科学生谢绍敏忽然仰天长啸一声然后将食指咬破，撕破衣襟，写下"还我青岛"四字血书。如此一来，整个会场气氛更加紧张，几乎所有人都血脉偾张，壮怀激烈。

会上，高君宇声泪俱下，慷慨陈词，强调只凭标语口号已不能适应当前斗争的形势，只有采取李大钊提出的"直接行动"的办法：示威游行！最后，大家统一了思想，确定了明天具体的行动方案、游行路线，并起草了宣言。

会议结束时，已经过了子夜。待学生代表都连夜赶回各自学校分头部署落实赶制小旗、标语之后，高君宇、邓中夏、许德珩、黄日葵、张国焘以及傅斯年、罗家伦等骨干分子又分头准备宣言、电报、文稿、传单以及北大学生游行的大旗。

在负责起草唯一的印刷传单《北京学界全体宣言》时，罗家伦看到高君宇走过来，就歉然一笑说：

"尚德君，事实证明你是对的。这帮西方强盗，哪里有什么'公理'？明天我们一定要高喊出'外争国权，内除国贼'的口号！"

高君宇点点头，感慨道："家伦君，你说得对，西方这些骗人的强盗，还有日本，只会弱肉强食，压根没有公理。要是有公理，他们怎么会一次次侵略中国、殖民世界？怎么到现在还赖在中国、抢占中国利益？现在我们的国家、民族的命运，已经到了千钧一发的时刻，如果我们再沉默、等待，而不去反抗，我们的民族就只有灭亡，再也无法挽救了。所以，我们一定要'外争国权，内除国贼'！"

这一夜，几乎整个北大的学生宿舍都通宵达旦，灯火通明，大家有些兴奋，也有些紧张，都在认真地忙碌着。作为组织者之一，高君宇更是忙得不可开交。就在他忙着整理还散发着油墨气味的《北京学界全体宣言》时，忽然感到一阵恶心，然后两眼发黑，差点栽倒在地，他用力扶住课桌，随即便"哇"的一声，吐出了一大口鲜血。

见此情形，黄日葵大吃一惊，赶忙关切地问："尚德君，你怎么了？"

"没什么，"高君宇装得满不在乎地说，"这是老毛病了，不碍事，过一会儿就好了。"

原来，高君宇在山西省立一中读书时就患有咯血症，后来虽然治愈了，但一劳累过度就会复发。今天，他显然是过于劳累了。

5月4日上午9点，北大学生们聚集到马神庙二院理科的操场上，人人手中都拿着一面小旗帜。黄日葵看到站在队伍前面的高君宇面色蜡黄，形容憔悴，忙跑过去劝他回去休息。

"国家已到生死存亡的时候了，我怎能临阵脱逃？"高君宇把手中的小旗一挥，摇头拒绝道，"这种时候，我即便是死也要死在天安门前！"

下午1时，北京大学等14所大中专学校的学生3000多人纷纷聚集到了天安门广场。他们手拿各色各样的旗子、标语牌，上面写着"取消二十一条""还我青岛""宁肯玉碎，勿为瓦全"等字样，有的还绘着山东的地图和各种讽刺画。

在邓中夏、高君宇等人的带领下，游行的学生们在天安门前发表了以"外争国权，内除国贼，立即召开国民大会"为中心内容的宣言。随后，又按预定计划来到了东交民巷西口。这里是各国驻华使馆区，是帝国主义国家重点防范的区域。在学生们到来之前，各国驻华使馆就颐指气使地要求北洋军阀政府派出军警，严加保护。

当游行队伍浩浩荡荡前往东交民巷使馆区准备去日本驻华使馆抗议时，被大批手持警棍、枪械早已等在那里的军警挡住了去路。

游行队伍不顾军警的阻挠，转奔位于赵家楼胡同的曹汝霖住宅。警察总监听说后立即加派200名警察守卫曹宅。学生围住警察，向他们讲道理，但警察就是不放行。高君宇急中生智，带领少数勇敢学生从窗口跳入院内，打开大门，使大队冲进曹宅。总统午宴不欢而散后，曹汝霖带着章宗祥刚偷偷溜回家，这时听到学生"打上门来"赶紧又从后门溜走。学生们痛打了正在曹家躲藏的章宗祥，并在曹宅放起火来。

这便是震惊全国乃至世界的"火烧赵家楼"事件。

事后，北京当局逮捕学生34人，恐怖气氛笼罩了整个北京。

当天夜里，邓中夏、高君宇、黄日葵等召集大家连夜开会，商讨对策，其他学校代表也来了。大会决定从次日（5月5日）起北京各校学生一致行动，实行总罢课，立即成立"北京学生干事会"，邓中夏、高君宇、黄日葵均被推选为干事会成员。

5月5日，北京各大专学校举行总罢课。在这些校园里，往日琅琅的读书声此刻变成了愤怒的抗议声。

为了营救被捕学生，北京14所大专学校校长组成了以蔡元培为团长的校长团，坚决要求中国代表拒绝在"和约"上签字，严惩卖国贼，释放被捕学生。

那些日子，高君宇和邓中夏根据李大钊的指示，日夜不停地奔波忙碌着。他们积极想方设法，营救被捕学生，不顾危险亲自到狱中探望战友，动员学校的进步学生为被捕学生捐钱、捐物，送衣被和食物。被捕的学生都为高君宇他们这种不顾自己安危的精神感动了，纷纷表示，一定要坚持斗争，宁为玉碎，不为瓦全，绝不向反动势力低头。

那天，被捕学生、也是五四运动组织者之一的许德珩将自己在狱中写的几首诗拿给前来探监的高君宇等同学看。高君宇接过皱巴巴的稿纸，展开来，大声地朗读道：

为雪心头恨，而今作楚囚。

被拘三十二，无一怕杀头。

痛殴卖国贼，火烧赵家楼。

锄奸不惜死，来把中国救。

读着这样的"囚歌"，高君宇的心头一热，眼泪顿时涌了出来，而声音也不自觉地哽咽了……

北京学生的爱国行动，很快传遍了全国，各大中城市的爱国学生也群起响应，先后组成了"学生联合会"，把五四爱国运动推向了高潮。

由于全国人民反对北洋军阀政府卖国行为的斗争汹涌澎湃，日益高涨，出席巴黎和会的中国代表终于在6月28日的"巴黎和约"签字仪式上态度强硬，拒绝签字，使日本霸占山东、青岛的图谋未能得逞。

但就在人们欢呼五四运动终于取得了最后的胜利的时候，高君宇的咯血症又一次复发了。虽然躺倒在病床上，但他依然时刻关注着时事的发展，他对前来看望他的同学说:"日本决不会善罢甘休,国贼还没有完全消除!"大家劝他要好好休息,安心养病,都深为他这种爱国热忱而感动。

"从今往后,我决定将我的名字改为'高君宇'!"

那天,从医院出院后,原本叫"高尚德"的高君宇郑重其事地向同学们宣布。

为什么要改成这样的名字呢?高君宇当时笑而不答。

一位比较了解高君宇的同学想了想,帮他向大家解释道:"君宇,实为'均宇'之谓也,顾名思义,就是'均分宇宙'。尚德君向来关心国家大事,立志改造社会,而'均分宇宙'不正是他的政治理想和宏大抱负吗?"

在五四运动的疾风暴雨中,高君宇以其"弘毅果敢"的爱国壮举,被誉为"中国青年革命之健将"。经过伟大的五四运动的洗礼,他已俨然成为一名立志献身中国独立和民族解放的职业革命者了。

建党前后

　　五四运动以疾风暴雨般的强劲姿态，最广泛地动员和启迪了全国人民的爱国情感和民族意识，从青年学生、知识分子到工人阶级、工商业者，从北京、上海到武汉、长沙等100余个大中城市，其参与人数之多、波及地区之广、舆论声势之大，远远超过近代任何一次革命运动。正如毛泽东当时在《湘江评论》中写道："我们知道了！我们醒觉了！天下者我们的天下，社会者我们的社会。我们不说谁说，我们不干谁干。"五四运动犹如划破黑暗长空的闪电，为在迷茫绝望中痛苦彷徨的中华民族带来了光明与希望。

　　但是，五四运动之后，中国依旧处于半封建半殖民地的社会，黑暗依旧笼罩着中国的大地。一个长久困扰着而又迟迟找不到答案的问题依然萦绕在每一个中国人的心头：

中国的出路究竟在哪里？

是啊，从洋务运动、太平天国到戊戌变法，无数仁人志士的奋力抗争均以失败告终，即使是推翻了两千年封建专制的辛亥革命，也只是打倒了清政府，之后所实行的资本主义没有从根本上改变中国半殖民地半封建社会的悲惨命运，反而乱哄哄地使中国陷入更加动荡更加四分五裂的状态。

中国啊，打开你的那扇光明与希望之门的钥匙究竟在哪里？

为了探索这一真理，经过伟大的五四运动战斗洗礼的高君宇等一批热血青年在李大钊、陈独秀等人的引导下，将目光盯在了马克思学说和俄国十月革命的经验上。

1920年3月，在李大钊的主持下，一批先进知识分子在北京大学秘密组织了马克思学说研究会，最初的19人中就有高君宇。研究会活动的房间被称为"亢慕义斋"。"亢慕义斋"又称"康慕尼斋"，是英文"Communism"（共产主义）的音译。"亢慕义斋"，也即"共产主义室"。

借工作之便，李大钊设法买来了英、法、德等多种文字版本的马列经典著作和多种外文参考书籍，供大家阅读。研究会按会员的外文程度和特长，分别编为英文、法文和德文3个组，高君宇担任英文翻译组组长。他们每人分别翻译外文著作，然后综合讨论，定稿后先印成"ABC"小册子，内部传阅，确定无误后再编印成"康明尼斯特丛书"在国内宣传。研究会翻译的第一篇著作就是英文版的《共产党宣言》。

马克思学说研究会是当时中国最早研究、宣传马克思主义的革命团体之一。它的成立，为马克思主义的传播和中国共产党的诞生作了重要准备。

在学习和研究马克思学说中，每当遇到疑难问题，高君宇就去请教李大钊，李大钊总是不厌其烦深入浅出地予以解答和指导。在孜孜不倦的学习与研讨中，高君宇他们对马克思主义的理解和对俄国十月革命的认识一天天加深，思想觉悟和理想信念也在一天天提升，一天天坚定。

在20世纪初中国最黑暗的年代，高君宇他们像一群逐日的夸父，在李大钊的带领下，奋力探索和追逐着马克思主义的真理之光。在苦苦地探索和追逐中，他们渐渐认识到，辛亥革命后所引进的西方资本主义制度并不能救中国，唯有马克思主义才是拯救中华民族的伟大真理；唯有俄国十月革命的道路，才是中国唯一应该选择的正确道路！

这年的 4 月，共产国际远东局派维经斯基初次来北京乔装成"新闻记者"与李大钊会见，秘密商讨中国共产党的成立问题。张太雷担任翻译。维经斯基同李大钊密谈之后，提出要见参加过五四运动、新文化运动的一些同学，于是李大钊便找了高君宇、罗章龙、张国焘、刘仁静等人与维经斯基见面。这些人后来都成为北京的共产党早期组织的成员。

维经斯基离京后，李大钊便多次召集邓中夏、高君宇、张申府等人共同商讨建立北京地区党组织的工作计划。维经斯基离开北京后前往上海，根据李大钊的建议并带着李大钊的亲笔信去拜访陈独秀，继续商谈成立中国共产党问题。自此以后，北方以李大钊为首，南方以陈独秀为首，分别在祖国的大江南北着手秘密开展了成立中国共产党的各项筹备工作。这就是后来人们所津津乐道的"南陈北李、相约建党"。

这一年的"五一"前夕，受陈独秀的委托，高君宇返回山西，与几个朋友分头深入调查了太原和大同工人的劳动状况与生活境遇，撰写了题为《山西劳动状况》的调查报告，刊发在《新青年》第七卷第六期上。该文以大量真实生动的事实，深刻揭露了阎锡山统治下的山西工人群众悲惨生活的状况。5月间，在北京参与筹建党组织的同时，高君宇再次返回山西，在他的母校山西省立一中召开了有13位进步青年参加的座谈会。针对当时许多青年学生热衷于无政府主义，高君宇循循善诱，发表了自己的意见和看法。他说：

"在一个社会团体内，总得有一部分人牺牲自己的意见，服从大多数人的意志。如果固执个人和少数人的绝对自由，那就会形成一盘散沙，那就不能形成革命，也不能组织生产。"

"我们革命的最终目的是消灭阶级，但在消灭阶级以前，还得要国家，而且是要强有力的无产阶级专政的国家。只有建立无产阶级政权，才能进行彻底革命，才能最后消灭阶级社会。"

经过高君宇的耐心开导与说服教育，最后，不少学生不再热衷于无政府主义了，有的甚至当即表示要与无政府主义彻底决裂，从此信仰马克思主义。

在高君宇的动员与组织下，以马克思主义为指导思想，以"唤醒劳工，改造社会"为宗旨的太原社会主义青年团，在太原、在山西省立一中一个普通的教室里诞生了。

经由高君宇的手，在山西最早播下了革命的火种！

种子播下了，迟早都会生根发芽。随着马克思学说的广泛传播，日益深入人心，继上海共产党早期组织成立之后，1920年10月，北京共产党早期组织也在"亢慕义斋"正式成立。最早的成员只有李大钊、张申府和张国焘3人。

北京共产党早期组织在北京的北大"红楼"孕育诞生后，很快，长沙、武汉、济南、广州等地的共产党早期组织也都相继成立。同年11月，在高君宇的发动与组织下，北京社会主义青年团正式成立，参加的青年达40多人。团组织成立后，高君宇被大家公推为北京社会主义青年团书记。经过五四运动的洗礼和历次革命斗争的考验，高君宇已经更加成熟了，团员们都很尊敬他、信赖他。

11月的一个夜晚，李大钊在红楼自己的办公室里，召集北京社会主义青年团的骨干分子召开会议。

今晚的会议有两项议题：一是听取高君宇汇报北京社会主义青年团的组建情况并研究讨论下一步的活动打算；二是为一个月前成立的北京的共产党早期组织增添新鲜血液，发展新的党员。

所以，会议一开始，在简要作了一番开场白后，李大钊亲切地望着高君宇，对他说："君宇，你先将青年团组建的情况说一说吧！"

高君宇微笑着站了起来，介绍前几天刚刚成立的北京社会主义青年团的情况，说现有40多名团员大多是五四运动中的骨干和热衷于马克思学说研究的青年。在汇报时，他的讲话语言流畅，思路清晰，对问题的分析判断很有思想，很有见地。最

后，在谈到制定团的纲领时，他指出：青年团也应坚持无产阶级专政，"现在反对这一点的人，不仅团组织里有，就是党组织里也大有人在。不过，这些人现在已从党小组里退出去了"。

这时李大钊插话说："无政府主义者退党是件好事，这样，我们的组织就更加纯洁、更加精粹，因而也就更有战斗力了！"

李大钊说完，紧接着，张国焘、邓中夏、罗章龙、刘仁静等也都纷纷发言，各自表明了坚决反对无政府主义主张的态度，对高君宇的观点表示赞同。

等大家发言完毕，李大钊介绍全国各地共产党组织筹建情况。他说，继上海的陈独秀、李汉俊、李达和陈望道等于8月间组建共产党组织之后，不仅北京于10月间成立了共产党组织，而且湖北武汉的董必武、陈潭秋、包惠僧等，湖南长沙的毛泽东、何叔衡等，山东济南的王尽美、邓恩铭等，广东广州的谭平山、谭植棠等，也已经或正在组建共产党组织。

听到这些消息，在座的每个人都欢欣鼓舞，倍感振奋。接下来，根据李大钊的提议，大家又围绕上海共产党早期组织拟定的《中国共产党宣言》进行了热烈的讨论。大家一致认为："共产主义者的目的是要按照共产主义者的理想，创造一个新的社会。"

这次会议后不久，高君宇、邓中夏、缪伯英等团员加入了北京的共产党早期组织。该组织也改名为"共产党支部"，李大钊被推选为书记。

由于兼职太多，工作实在忙不过来，为了集中精力从事革命活动，这期间，高君宇不得不辞去北京大学驻北京学联代表的职务。

据中共一大代表、也是召集人之一的李达后来回忆："6月初旬，马林（荷兰人）和尼可洛夫（俄国人）由第三国际派到上海来，和我们接谈了以后，他们建议我们应当及早召开全国代表大会，宣告党的成立。于是我发信给各地党小组，各派代表二人到上海开会，大会决定于7月1日开幕……"

1921年6月底，高君宇前往南京参加少年中国学会在鸡鸣寺召开的年会，随后，又和刘仁静由南京而至杭州，再由杭州前往上海。一到上海，他俩就径直来到法租界新渔阳里6号。这栋两层的小楼是1920年维经斯基到上海与陈独秀商谈建党时由杨明斋租下的。当时华俄通讯社就在这里发稿。后来，这里就成了中国共产党发起、筹建的中心。

在这里，高君宇见到了上海共产党组织的成员李汉俊、李达、陈望道、俞秀松、沈雁冰等同志，见到了共产国际代表马林。当时，前来参与筹备一大的北京代表张国焘也在这里。张国焘告诉高君宇和刘仁静："会议已经基本筹备妥当，各地的同志已陆续来到上海。现在的问题是陈仲甫先生还在广州，他准备辞去广东教育委员长一职后，就回沪参会。"

不久，高君宇由沪返京，张国焘写了一封汇报关于一大会议筹备情况的信，托高君宇捎给李大钊。而刘仁静和张国焘是北京代表便留在了上海。为了保密起见，他对外谎称自己要在上海学习一段时间德文。

回到北京后，高君宇第二天就去拜见李大钊，并将张国焘的信交给他。

李大钊告诉高君宇，党组织决定，近期内要在长辛店组织一次罢工，希望高君宇在参与这一罢工的发动、组织工作的同时，和罗章龙一起，将已经筹备了一段时间的《工人周刊》力争在党的一大结束时创刊。

从此，高君宇便一边深入到长辛店发动和组织工人罢工，一边忙里偷闲经常是在深夜里与罗章龙等人一起为创办《工人周刊》紧张地操劳。

7月30日，经过半个多月的忙碌，高君宇和罗章龙等人筹办的《工人周刊》创刊号终于出版了。报纸一出版就好评如潮，受到工人们的喜爱与青睐。

不久，李大钊、邓中夏、黄日葵等应邀去四川参加暑期讲演去了，由于一直关注着中共一大，高君宇便一个人再一次来到了上海。

此时，中共一大刚刚结束。那天，当高君宇来到太仓路127号，走进一幢独立的二楼二底砖木结构老式石库门住宅建筑——也即中共一大代表的住宿地博文女校时，各地代表大多已经离去，这里已是人去楼空。只有刘仁静留在这里等待新成立的中共中央分配任务。

黄昏时分，高君宇风尘仆仆地赶到这里，正要找人打听，忽然，看到走廊内一个男青年穿着短裤背心坐在那里摇着芭蕉扇看书，仔细一看，竟然是刘仁静。这时，刘仁静也已看到了高君宇，这位时年只有19岁的中共一大代表喜出望外，顿时跑过来一把拉住高君宇的手，高兴地说：

"君宇，你怎么来了？"

还没等高君宇回答，刘仁静又迫不及待地大声说道："君宇，你知道吗？我们党正式成立了！"

接着，刘仁静便向高君宇介绍一大召开的情况以及"花絮"，先是在上海，就在这所博文学校召开成立大会，还没开完，被密探发现，又迅速转移到浙江嘉兴，在南湖的一条游船上继续召开。更有意思的是，那天就在选举着手之际，湖面上忽地传来一阵"突、突、突"的响声，大家疑心会不会是警察局的汽艇？为了安全起见，代表们赶紧收起了刚刚讨论通过的文件，围在一起哗啦啦假装搓起麻将来……但很快就证明不过是一场虚惊！

听了刘仁静的介绍，高君宇的脑海中悠然浮现出犹如电影般的场景与情节。

最后，刘仁静介绍说，这次大会讨论并通过了《中国共产党纲领》，其主要内容是"以无产阶级革命军队推翻资产阶级"，"我们党承认苏维埃管理制度，要把工人、农民和士兵组织起来，并以社会革命为自己政策的主要目的。中国共产党彻底断绝与资产阶级的黄色知识分子及与其类似的其他党派的任何联系"。

那天晚上，因为激动，因为憧憬着共产主义的美好未来，两个年轻的北大学子也是中国共产党最早的党员几乎谈了整整一夜，直到第二天，黑暗一点点地散去，阳光渐渐从窗户纸中折射进来，两个人依然毫无睡意……

无悔的选择

　　五四运动后，高君宇以一位坚定的革命者的姿态开始踏上了一个新征程。这年下半年，利用暴风雨后难得的宁静，他一方面抓紧时间埋头学习，除学好自己必修的专业课外，一有时间就到北大红楼图书馆，如饥似渴废寝忘食地阅读各种书刊。他下决心博览群书，钻研伟大的真理，学懂弄通马克思主义学说。每当遇到阅读障碍和难以理解的问题，他就向自己尊敬和崇拜的李大钊求教，聆听他的教诲。另一方面，他又积极协助邓中夏着手吸收更多的工人、市民扩大平民夜校，在这年的10月21日，加入邓中夏发起组织的"北京大学平民教育讲演团"，并担任文牍干事。

　　这期间，他们广泛发动人民群众，提高其思想觉悟，大力宣传爱国主义和救国救民的革命道理。

邓中夏在长辛店建立了工人夜校和工人俱乐部，高君宇在城内建立了平民夜校。同年冬，他担任北京大学学生评议部总务委员，为举办平民教育，学生评议部决定向社会募捐，成立了专门负责此项工作的募款委员会。高君宇是该组织的章程起草委员。

这年寒假，他在北大举办本校校友夜校，吸收工人参加，以提高工友的文化知识和政治思想觉悟。接着，他又和其他进步同学开展了"工读互助"活动，参加这项活动的 26 名同学在北京东皇城根（今东黄城根）达教胡同建立了"曦园"。

根据高君宇和邓中夏的提议，凡在"曦园"里的人，都要体验一种新的生活。大家都要做到生活自理，从自我做起，不依赖别人，提倡亲自动手劳动，不雇用勤杂工人和炊事人员。

"曦园"的含义，就是指住在这里的人，一定要有蓬勃向上的朝气，就像充满朝气充满希望的晨曦一样。对同学们来说，"曦园"就是一个集体，是他们温暖的家。那些天里，大家非常珍惜这个"家"，每个人都积极主动地承担着"家"的义务，又享受着"家人"的关爱与慰藉。在这里，大家都有一种感觉，置身"曦园"就像是偎依在母亲的怀抱。

在"曦园"的那些日子里，高君宇如饥似渴地阅读了许多书籍，对中国社会问题作了深刻的思考，记述了他对国内许多重大问题的看法。深夜，窗外，一弯冷月，几点寒星。室内，一灯如豆，许多同学都进入了幸福的梦乡，高君宇仍坐在寒冷的冬夜里用功苦读。1830年7月，法国爆发了推翻波旁复辟王朝的革命，在革命激情鼓舞下，德国著名诗人海涅写下了政治抒情诗《颂歌》，以鼓舞人们的斗志，激励人们战斗：

我是剑，

我是火焰，

黑暗里我照耀着你们。

战斗开始时，

我奋勇当先，

走在队伍的最前列

……

这天晚上，高君宇看了海涅的这首著名的《颂歌》后，不仅内心激起了共鸣，而且灵魂受到了震撼，一时心情激动，在笔记本上抄录了这首诗，而且还受其启发，挥笔写下了这样的诗句：

我是宝剑，

我是火花，

我愿生如闪电之耀亮，

我愿死如彗星之迅忽。

这是一个革命者的宣言书！

这是一个革命者的座右铭！

观其一生，应该说，这短短的几句诗，就是高君宇大写人生的光辉写照。

1921年1月，高君宇以优异成绩毕业于北京大学地质系，并留校任教。在毕业典礼上，同学们都向他道贺，老师们对他也都充满了期待，觉得他今后一定会大有作为。

在北大这块自由、肥沃的土地上，5年来，高君宇通过刻苦的努力，各方面都得到了很大的提高，多次得到校方的嘉奖。同学们都愿意接近他，很多老师也都很喜欢他，预言他此后的人生一定不会平庸，而且，连一些政界要人也很关注他，看好他，觉得他是个难得的栋梁之材，留心想要"提携"他，"栽培"他。

一天，一位素不相识的人派人前来约请高君宇去其公馆会晤。从名片上得知，此人姓梁，名善济，山西人。

对于梁善济，高君宇虽然素昧平生，但却"久闻大名"，此人乃山西名流，清末资政院民选议员，后来与梁启超等人组织能影响段祺瑞政府的研究系并成为骨干成员，在山西乃至全国能量绝对不可小觑。

"此人为何约我见面？又有何事相谈？"看了名片，高君宇沉吟道。怀着这一疑问，第二天傍晚他如约来到梁府。

到底是政界大佬，深耕政坛多年，梁老先生位于京城的官邸颇为气派、豪华。高门大院，古色古香，庭院鱼池，萧墙假山，给人一种雍容华贵的感觉。

高君宇走进庭院，主动走上前来迎接他的是一位年近花甲、笑容可掬的老先生。他头发花白，鼻梁上架着一副金丝边眼镜，看上去精神矍铄，和蔼可亲，此人正是梁善济。

高君宇做了自我介绍后，梁善济一副长者风度地把他迎进会客厅，因为是同乡，两人自然先从故乡谈起，然后，梁善济话题一转，显得很是亲切地对高君宇说："都说三晋自古多才子，怀瑾握瑜者代不乏人，如今与贤侄一见，深以为然。贤侄以前也许不知道老朽，但梁某对贤侄可是久闻大名！"接着，他便说高君宇才识卓著，特别是发表在《晨报》上的那几篇关于"解决时局问题"的文章更是见解独到，令人叹赏。

对梁善济这种久经官场皮里阳秋之人，在来之前高君宇就心存警惕，如今听他与自己忽然议论时政，更是不知何意，不敢应答，于是便快人快语，直截了当地说："梁先生，晚辈说话向来都喜欢直来直去，不善讲客套话，还望您老包涵，有什么话也请您直说无妨！"

见高君宇如此说，梁善济依旧笑容满面，他扶了扶金丝边眼镜，然后轻轻抿了口茶，望着高君宇说："好，好，初次见面，贤侄就快人快语，果然名不虚传！既然你不喜客套，我也就直说了吧，你我都是山西人，亲不亲故乡人，老朽爱你年少才高，人品出众，特意请你到寒舍来面晤，希望你我今后能情同手足，同舟共济！"

说罢，他又捧起茶碗轻轻抿了两口，继续说道："听人说贤侄如今已经毕业了，虽是北大才子，也要求职谋生，如不嫌弃，老朽情愿助一臂之力，为贤侄在政府谋一官职。老朽不图回报，只愿贤侄日后飞黄腾达，别忘了梁某为国举贤之情！"

对梁善济的一番好意，高君宇自然心存感激，连声称谢，但是，对于进入官场谋求仕途，尽管父亲也有此意，他却并不感兴趣，也无此打算，于是便谢绝道：

"梁先生的好意晚辈心领了。只是，晚辈早已加入蔡元培先生倡导的进德会，会章中有不当官的条文。我不能违反会章而去政府谋职！"

梁善济一听，不禁哈哈大笑，然后正色说道：

"贤侄重信守诺，真不愧是进德会出类拔萃的会员啊！我早就听说你才学出众，人品高尚，今日一见，果不其然。不过——"说到这里，他沉吟一下，恳切地说，"但凡人才，总应为国尽忠，为国效力才是，若非如此，岂不浪费人才，枉费贤侄平生所学？古人云，赐官不负，不忠也；长训不尊，不孝也；赐禄不享，不智也。请贤侄三思而后行。"

高君宇接过话道："谢谢梁先生为晚辈着想，刚才的一番教诲晚辈谨记在心。不过，在君宇看来，如今国运维艰，民族蒙羞，列强横行中国，百姓哀鸿遍野。当此时也，国人应当发愤图强，团结一致，探求救国救民之路才是如今最为重要也最为紧迫之事。若是身入官场，苟且为官，只图自保，试问国家如何拯救？谁来拯救？所以晚辈以为，对国家之事倘若充耳不闻，视而不见，才是不忠、不孝、不智之举，爱国志士就不应苟且乱世，只为个人打算！"

一席话说得梁善济脸红耳热，很不自在，见此情形，高君宇微微一笑，显得有些歉意地说："梁先生，您能为君宇的前途着想，君宇非常感激！高官厚禄，只能使那些贪财误国者动心，趋利忘义者起意。怎奈君宇立志救国救民，心如铁石，还请梁先生见谅！"

说罢，高君宇站起身来，向梁善济行了个礼，然后告辞。

梁善济望着高君宇的背影，不禁肃然起敬。他想，自古人们都说"人不为己，天诛地灭"，看来这世上也并非全都是些贪图功名利禄只求自己荣华富贵之徒，起码，高君宇这年轻人就是一个超凡脱俗宏愿济世的俊杰，一个愿意为了拯救多灾多难的民族而舍生取义的仁人！

此时此刻，他忽然记起林则徐的两句诗："苟利国家生死以，岂因祸福避趋之？"他觉得，在高君宇面前，不自觉的，自己总有些显得心虚气短，形容猥琐，形象怎么也高大不起来。

是的，梁善济一生走南闯北，可谓阅人无数，但是，他觉得像高君宇这样灵魂纯净不避祸福宁可牺牲自己也要报效祖国的人真的是很少见。

这天晚上，回到家里，高君宇躺在床上心潮起伏，思绪万千。回想起去见梁善济时的情景，想到自己从一个懵懂无知的乡村少年如今已成长为全国著名最高学府的天之骄子，想到这么多年为了供自己在省城在北京读书日渐年迈的父母是怎样省吃俭用奔波劳碌承受了多少生活的重压？想到大学毕业后如今同学们已经各奔东西，有的已经走上了全国一些大中学校的三尺讲台，有的则进了大大小小的官府，还有的则已出国继续深造，如今，自己应该何去何从？在人生的十字路口，应该如何选择？

此时的高君宇已非当年刚来北京的高尚德，在北大的 5 年读书生活，使他更了解中国的现状，他看到辛亥革命已经失败，民主共和已然成为一场政治闹剧，曾经让无数国人寄予厚望的资产阶级民主共和制度和议会制度不仅未能拯救中国，反而使中国分裂混乱。这些年来，他目睹在帝国主义和反动军阀统治之下的中国城乡破败不堪、百业萧条的景象，每次回老家山西沿途看到的都是面黄肌瘦、衣衫褴褛四处逃荒的饥民和满目疮痍的黄土高坡，而中国的统治者和那些达官贵人，却饱食终日、养尊处优，过着花天酒地、纸醉金迷的腐朽生活。多少次，他仰首问苍天问自己：这样腐朽的政治，那么多昏庸腐朽毫无政治责任感的官僚，怎能救得了中国？中国到什么时候才会有希望？如今，国家危若累卵，人民饱受苦难，中国应向何处去？自己应该怎么办？

高君宇虽然有激情，有理想，但他并不是一个不切实际的空想家，他有理性，不糊涂，对自己的安与危、得与失看得很清楚。可是，这些年来，在革命先驱李大钊的引导下，他已逐渐认识到只有马克思主义才能救中国，只有社会主义才能救中国，只有中国共产党才真正为了劳苦大众才能拯救劳苦大众的革命道理。每当想到国家危在旦夕，政治腐朽黑暗，人民生活贫穷，列强祸乱中华，他就忧心如焚，寝食难安，于是便暗暗下定决心，立志要为拯救国家、民族和人民奋斗终身！

1921 年"五一"国际劳动节时，高君宇与邓中夏等人组织领导长辛店铁路工人举行了"盛大的纪念"，宣告成立"工人俱乐部"以及"职工联合会"，发表了宣言，在我国职工运动史上创立了工人自己起来成立组织的先例。

就在这次会上，高君宇朗诵了 1920 年 10 月

10日至12月5日在广州《劳动者》周刊连载的一首翻译的《劳动歌》，共6节，这是《国际歌》在中国最早的译文：

起来，现在世上受了饥寒困苦的奴仆。

管治将来世界的理性渐渐强起来了。

做奴仆的人呀！起来，快起来！

不要固执古人的谬误！

世界的基础快改变了，无产者将成为万有者！

……

君主、上帝、空论家，是不能拯救人类的。

工人呀！我们要拯救自己，以谋公众的幸福。

解放精神以脱离掠夺的生活，这是工人唯一的事业。

……

从此以后，京汉全线相继成立了16个工人俱乐部，接着京绥、京奉、津浦、正太等铁路工人均以长辛店工人为榜样，组建了工人俱乐部，使铁路工人有了自己的活动场所和组织，为推动全国工人运动的开展打下了良好的必要的基础。当时铁路工人称长辛店工人俱乐部为"北方红星"。

李大钊一直关心工人的生活和文化教育，多次派人到长辛店创办铁路工人子弟学校，认为这是提高工人阶级文化水平和政治觉悟的有效而长远的办法。在邓中夏等人的发动和组织下，铁路工人子弟学校终于建立了。不久，邓中夏调走，高君宇尽管事务缠身，十分繁忙，但他还是接替邓中夏担起了这一重任。

在此期间，高君宇还直接指导京汉、正太两线的工人运动，组织工人罢工。他在工人心目中，享有很高的威望。据山西早期的一位革命者贺昌在悼念高君宇的文章中写道：高君宇"在五四运动中是一个强有力的健将，对于中国的革命问题和中国的政治经济状况，均有深切明确的见解，他最早在北方从事于职工运动"。

根据中共一大的决议，这年的8月，中国劳动组合书记部在上海成立。9月，中共中央在上海召开扩大会议，号召全党大力开展工人运动。为适应我国北方工人运动发展的新情势，这年11月，在李大钊的倡导下，以高君宇、邓中夏、罗章龙、张国焘等为骨干，在北京景山成立了中国劳动组合书记部北方分部，主任为邓中夏。此时，全国许多大中城市都设立了分部。

当时，中国劳动组合书记部及时指导各地分部并发动了许多次重大的革命斗争，如1921年10月领导了上海英美烟厂工人大罢工；1922年10月发动了开滦煤矿大罢工，1923年2月组织了京汉铁路大罢工，在广州召开了第一次全国劳工代表大会。从1921年到1923年间，中国的工人运动蓬勃开展起来了。

在那些日子里，高君宇四处奔波，积极参加和领导了许多次工人运动，并在《向导》《工人周刊》上屡屡发表文章，揭露帝国主义和反动军阀相互勾结、狼狈为奸的丑恶嘴脸和残暴罪行，热情讴歌了工人阶级的斗争精神，从理论上指明了工人运动的方向。他说："中国工人是世界上受压迫和掠夺的奴隶，近两年来，他们蓬蓬勃勃的罢工运动，完全是他们惨苦境遇的反映。"旗帜鲜明地指出："中国人民除了打倒军阀与官僚，并没解放的出路。"

与此同时，高君宇和罗章龙等北方分部的同志主动与工人群众打成一片，对工人进行思想教育和宣传发动，北方的工人运动一时间如火如荼，蓬勃发展。面对如此动人的景象，高君宇满心欢喜，极为振奋地预言道：

"革命斗争的暴风雨为期不远了！"

"要为真理而斗争"

1922年1月，共产国际在苏联莫斯科召开远东各国共产党及民族革命团体第一次代表大会。遵照中共中央的指示，高君宇、张国焘、王尽美、邓恩铭以及邓培等作为中共代表，和国民党等革命团体组成中国代表团奔赴苏联参加会议。

自从听说列宁以及其领导的十月革命之后，就像当时的许多热血青年和爱国志士一样，高君宇就对这个在世界上第一个取得无产阶级政权的国家十分好奇，满怀憧憬，十分向往，很想亲眼看看列宁领导下的红色苏维埃究竟是怎样一种景象？随着他对马克思主义的理解不断深入，对十月革命胜利的意义的认识日益深刻，这一情感就变得更加强烈、更加炽热了。如今，终于好梦成真，高君宇自然满心欢喜，倍感振奋。

从北京辗转来到满洲里——一个位于中俄边境极具俄国情调的中国小镇，在从这里出境前往苏俄时，高君宇他们遇到了一点小麻烦：当时车站检查十分严格，有许多密探严密监视，从这里乘火车进入俄国境内几乎不可能，于是，在这里接应的俄国人对他们说："现在唯一的办法就是偷越国境线，但是也要冒很大的风险。中国边防巡逻队经常出没于边境线中国一侧，很容易被他们抓住，在苏俄那边，也有白俄匪徒骚扰。"

在仔细分析后，高君宇作出决定说："我们干的就是风险的事业，还能怕冒什么风险吗？我的意见是偷越边境线，而且要选择在巡逻队不经意的深夜。"

于是，在一个有暴风雪的夜晚，在接应他们的那个俄国人的帮助下，高君宇他们趁着黑夜偷越边境。可是，由于俄国人只找到3辆雪橇，仅够人坐，他们带的行李无法运载，因而，他们又临时雇了一辆雪橇，让这辆雪橇将行李财物偷运到苏俄境

内，待与载人的雪橇车会合。

可是，当高君宇一行人终于安全地越过边境线后，等了两天，却始终等不到那辆运载行李财物的雪橇车。没办法，他们只好丢弃财物继续前进。据高君宇的弟弟高全德在一篇文章中说，这次偷越边境线，高君宇他们总共"损失银洋一千元，君宇到达伊尔库茨克很快给家里来信，说明损失原因，要求家里补足。父亲为此贩了一窝猪，把钱凑够如数汇去"。

高君宇接到父亲的汇款后，久久捏在手中，大为感动。他知道，因为父亲经商，家中还算富裕，但为了挣钱养活他们兄弟姐妹，父母这么多年都很辛苦，挣钱也很不容易。可是，这些年来，对于自己的要求父亲总是有求必应，唯一的要求或期望就是自己能够学有所成，能有一个好的前程……

想到这里，他心中有些酸痛，眼睛湿润。代表团的成员听说高君宇二话不说，竟然将这次大家的损失全由自己一个人承担下来，让其父亲寄来汇款，都非常感动。

1918 年，列宁在一次演说中被女特务用浸透毒液的子弹打伤了肺部，健康受到严重的损害，一直处在恢复期，没能参加这次大会。但是，会议期间，列宁说服了医务人员，抱病接见了中国代表团，并作了中国革命问题的谈话。他特别强调："中国现阶段的革命是资产阶级民主革命，其任务是反对帝国主义和封建势力，中国工人必须团结其他革命人民。"列宁的教导，让高君宇深受启发，更加明确了今后斗争的方向。

会议期间，高君宇和其他代表特地参观了列宁的办公室。当时，苏俄由于经历了3年的国内战争，经济非常困难，尤其是粮食供应十分紧张，全国上下都吃粗劣的黑面包，而且是限量供应，就连列宁也不例外。当参观的人们发现列宁办公桌抽屉里还有吃剩的这种面包时，陪同参观的苏联同志介绍说，列宁因工作紧张无暇就餐时，就拿上这种黑面包，边吃边工作。有时刚吃了一半，还剩半块，恰逢有事外出，他就把这半块面包放入抽屉，打算回来后再吃。

高君宇听了，深为列宁这种严于律己与民同甘共苦的伟大精神和高尚品质所感动。他坚信，"黑面包"代表的是一种革命的意志、精神和信念，有了这样一种"黑面包精神"，这样的民族是绝不会垮掉的。不论未来有多少艰难险阻，胜利一定属于苏俄人民。的确，历史上有多少辉煌都是在艰难困苦的条件下创造的。

对这次前来参会的各国代表，莫斯科方面给予了特别优待，一日三餐安排得都特别丰盛。回到住处后，高君宇和其他中国代表再也无法心安理得接受这些盛情款待了，于是，他们坚持把会议招待的那些精美饭菜赠送给了幼儿园，每个人则和苏俄人民一样吃着粗糙的黑面包。

见此情形，那天特地跑来看望高君宇等人的维经斯基也很感动。自从1920年维经斯基来到北京假装记者与李大钊商谈建党然后离京赴沪去见陈独秀后，高君宇和他再也没见过面，但维经斯基却给高君宇留下了很深的印象。所以，当维经斯基一来，高君宇就立即认出了他，然后，两个人便亲密地紧紧拥抱在一起……

那天在一起吃饭时，维经斯基一边吃着黑面包，一边津津乐道地为高君宇讲述黑面包的故事。

维经斯基说："马雅可夫斯基专门为黑面包写了一首诗，题为《全年都应成为"救灾周"》，我来给你朗诵其中一段。"

说着，维经斯基便充满深情地低声朗诵起来：

在"救灾周"当中，
支援饥民不要用空话，
而要见行动。
不论这儿多么饥饿，
朋友啊，要记得，
在伏尔加河，人们的生活，
还要苦得多。
四年之久红旗高举，
是什么使我们支持下去？
是谁供给我们几年粮食？
是伏尔加流域！
今天轮到你来支援，
即便你自己吃不饱饭，
在把面包送进口中之前，
先为饥民切下一半！

在听维经斯基朗诵时，触景生情，高君宇情不自禁地流下了热泪……

这次赴俄开会，通过对新生的苏维埃政权的短暂考察，高君宇深刻认识到革命的道路并不平坦，到处都有艰难曲折，在这世上绝对不会有随随便便的成功。在荒野上开辟一条道路，不仅需要有百折不挠的精神，更需要有舍生取义的勇气，需要有克敌制胜的智慧。这些精神、勇气和智慧来自坚定的信仰，来自崇高远大的理想。他感到人生是一条漫漫长途，信仰是这长途中的指路明灯，而理想则是人生不懈奋斗与追求的动力，没有信仰没有理想的人生，必然会是昏庸是虚无的人生。于是，他暗暗下定决心，就像《国际歌》中所唱的那样："要为真理而斗争"！

1922 年初夏，高君宇同赴俄开会的其他几个代表绕道巴黎、柏林回国。对苏俄考察后，张国焘对俄国革命后的现状颇为悲观，他在后来撰文说："未到俄国以前，对俄国革命都有一种美妙的幻想，而实际观察之后，就都觉得事实远不如理想了，而且这些疑问都是俄国人所不能解释的，除了说他们的革命是胜利了以外，也确实不能有其他的夸耀……"而高君宇与张国焘的看法却截然相反，回国之后，他不仅对红色苏俄大唱赞歌，在许多场合也大力称道苏俄，而且针对中外反动派污蔑、诽谤红色苏俄的罪行，撰写了一系列文章予以驳斥，并响亮地喊出："苏俄是全世界劳动者的祖国！"

回国不久，高君宇等人不顾旅途疲劳，立即向党内同志传达了远东会议的精神和列宁的指示。莫斯科远东会议给中国的革命运动指明了新的斗争方向，即广泛发动和组织各方面的进步力量，团结在民族民主革命大旗之下，为反帝反封建的民族解放事业而奋斗。就这样，就扩大了革命的力量，把中国的革命斗争推向了新的高潮。

1922年5月5日至10日，中国社会主义青年团第一次全国代表大会在广州召开，刚刚从苏俄回国的高君宇根据党的指示立即赶去上海参加会议的筹备，然后又去广州出席了这次会议。

4月下旬，高君宇和施存统、蔡和森等同志陆续来到广州，以组织召开社会主义青年团第一次全国代表大会。

大会开幕式是在广州的一个公园里举行的。台上，悬挂着马克思的大幅肖像。在主席台上坐着高君宇等来自全国各地的 25 名代表和中共中央局书记陈独秀，以及青年共产国际代表达林。大会选举产生了团中央执行委员会，由施存统、高君宇、张太雷、蔡和森、俞秀松 5 名委员组成。施存统任书记，高君宇分管《先驱》的编辑工作。这次大会宣告了中国社会主义青年团正式成立，成为中国青年运动发展史上的一个里程碑。

大会之后，高君宇一度留在团中央所在地上海工作，负责编辑《先驱》。6 月下旬，他由上海来到了杭州，准备参加少年中国学会杭州年会。7 月 2 日，会议在西湖上的一只游船上召开，在朱自清等其他会议代表纷纷发言后，高君宇发言了：

"我们的团体非有明白的主张不可。这种主张就是主义。我自身是信仰马克思主义的，……并希望学会采取马克思主义。我相信无明显的主义便不能作出什么事业。就目前而论，采取明显的主义虽不可能，而采取共同的趋势却是必要，并且可能……"

不知是因为高君宇的发言太有思想，还是很有气势，整个会场顿时鸦雀无声，大家都睁大着眼，静静地看着高君宇。只见高君宇激情洋溢，头头是道，到后来声音越来越大：

"至于打倒军阀的方法，我们第一步就是用舆论唤醒国人对军阀的反抗意识。只要全国民众起而战斗，无论军阀多么强大、多么凶恶，都可以打倒他们。同时我们要联合一切革命团体，一起为革命的德谟克拉西而斗争。凡是赞成民治主义者，我们都应当表示同情，并监督他们不许与军阀联合。我们更不能赞成小资本主义的妥协主义。所谓妥协，就是投降！"

少年中国学会杭州年会结束后，高君宇再次来到上海，准备作为中共北京地委的代表前来参加即将在上海举行的中国共产党第二次全国代表大会。大会定于 7 月中旬召开。会前，高君宇、张国焘参与做了许多筹备工作。在陈独秀的领导下，高君宇和张国焘等刚刚参加完远东大会的同志，将远东大会的精神和列宁以及共产国际的指示精神等一些经验融会到中共二大的文件草案之中，对于大会制定党的民主主义革命纲领起到了积极的作用。

1922年7月16日，中国共产党第二次全国代表大会在上海开幕了。这次会议是在上海原公共租界南成都路辅德里625号李达夫妇租住的房子里召开的。

鉴于当时的政治环境恶劣，这次会议采取了严格的保密措施，第一次全会召开后，又分成几个小组分散地点开会，而且每次会议地址都要更换。这样，为期8天的会程中，只集中举行了3次全体会议。

这次大会在讨论并分析了国内外政治形势和中国革命的性质与任务之后，根据莫斯科会议精神和列宁的指示，制定了中国共产党的最高纲领和最低纲领，破天荒地第一次向全国人民宣布反帝反封建的民主革命纲领，以及建立民主联合战线的策略，党在联合战线工作中的政策和原则，指明了中国革命的方向。

中共二大改选了党的中央领导机关——中央

执行委员会，选举陈独秀、张国焘、蔡和森、高君宇、邓中夏等5人为中央执行委员，中央执行委员会推选陈独秀为委员长。

大会闭幕后，高君宇立即赶回北京，向李大钊及北京地委的其他同志传达了党的二大的会议精神。

之后不久，高君宇就接到通知，去杭州参加中央特别会议。

1922年8月，为了贯彻党的二大精神，高举反帝反封建的民主革命大旗，联合一切革命党派、联合资产阶级的民主派，建立民主联合战线，来彻底推翻封建军阀统治，来到杭州西湖秘密召开特别会议，史称"西湖会议"。出席会议的有陈独秀、李大钊、蔡和森、张国焘、高君宇、张太雷，还有一位来自荷兰的外国人，他就是荷兰共产主义活动家马林，他是受共产国际的派遣来帮助中国共产党的代表，"讨论与国民党合作问题"。

经过讨论，会议决定在孙中山改组国民党的条件下，由共产党少数负责人先加入国民党，同时劝说全体共产党员以个人名义加入国民党。

大会决定出版党的机关刊物《向导》，指定高君宇和蔡和森负责筹备出版和编辑工作。同时，决定高君宇担任中共北方区委机关刊物《政治生活》的编辑兼记者。

西湖会议后，李大钊、陈独秀等受党的委派，先后与孙中山、张继等国民党领导人会晤，商洽国共合作问题，表示支持孙中山继续完成辛亥革命的未竟事业。

此时，孙中山因陈炯明叛变被迫离开广州避居上海。痛定思痛，他总结多年来的失败教训，为了扭转战略上的被动局面，也调整了策略。这时，他认为同苏联建立公开的更紧密的联系是完全必要的，同共产党合作的条件已经成熟，可以接受改组国民党的意见。所以，9月4日，他在上海召开改组国民党的首次会议上，即席解释联俄联共的政策，这是新的非常重要的战略布局。

就这样，不久后，李大钊、陈独秀、蔡和森、高君宇、张国焘等中国共产党的负责人，都先后加入了国民党。

当时，孙中山极为振奋地表示，要"在斗争中依靠他们明确的思想和无畏的勇气"。

　　于是，第一次国共合作的序幕拉开了，大革命的洪流就要到来了。

爱情与革命

高君宇有过一段非常不幸的婚姻。

那还是在他很小的时候，父母为他订了一桩"娃娃亲"。小女孩名叫李寒心，是一个通情达理勤劳善良的农民的女儿，比高君宇大两岁。

高君宇很小的时候，当然不知道反抗，等他渐渐长大，便曾多次大胆地向父亲提出退婚一事，但是每次，他听到的都是父亲高佩天严厉的呵斥。在高佩天看来："无故退婚，有辱门楣，是要让人戳脊梁骨的。"

因此，任凭高君宇怎样反抗，他父亲都不答应，而且还把话说死了："你要想退掉这门婚事，除非我闭上眼睛！"

1914年冬天，父亲给正在山西省立第一中学读书的高君宇捎来一封信，要他期末考试一结束就速速回家，准备完婚！

高君宇不想回家，但父亲很快又托人给他捎来一封信，而且措辞更加强烈，要他必须回家。最后，高君宇拗不过父亲，只好回家。

回到家里，他抱着最后一线希望，决定说服父亲，解除婚约！但是高佩天近乎咆哮地说："吉日已定，就是天王老子也不能变！要不，你就拿把刀把我杀了！"

结婚那天，高君宇说什么也不穿新婚礼服，父亲被他气得昏倒在地上，而高君宇见此情形只好"投降"，但那晚上入了洞房却始终没有动过新娘李寒心一根指头。

经此打击，高君宇不仅心灵上受到了极大的伤害，而且婚后没几天就突发咯血症，大病了一场。从此这咯血症竟伴随并折磨了他短暂的一生。

仔细想想，"新娘"李寒心也真的是很"寒心"，这桩封建包办婚姻不仅害了"新郎"高君宇，也把她给害了，以致两个原本应该获得爱情幸福的年轻人都不幸成了这桩封建包办婚姻的"殉葬品"。

虽然有了"妻子"，但高君宇对这位"妻子"只有同情，从不爱她，对他来说，这位"妻子"永远是他心中难以愈合的伤口。在1924年给女友石评梅的信中，高君宇痛苦地叙述了这桩令他绝望的婚姻，说"我此后数次生病，常常如有桎梏附身"。

仅此可见，他的父母，硬是"好心"地包办的这桩没有爱情的婚姻带给他的伤害实在是惨烈的、致命的。

高君宇后来之所以坚持要去北京读书，其中有着很多"逃避"的成分。他当时很想远走高飞，尽快逃脱这桩有名无实的婚姻的牢笼，当然也想摆脱父亲对自己过分的掌控，而且，受到这桩不幸婚姻的打击，他以后有许多年都对爱情反应迟钝，表现麻木，直到有一天，有一个仿佛《红楼梦》中林黛玉似的青春少女在他的生命中出现……

这个让高君宇坠入情网的女孩就是石评梅。

说来，爱情似乎冥冥之中真的是很有"缘分"。当年，高君宇在山西省立第一中学读书时，他的国文老师石铭对他很赏识，说自己要是有高尚德这样一个儿子就好了！他的同事在一旁开玩笑说，高尚德做你的儿子是不可能了，你不是有一个爱女吗？将来尚德做你的女婿倒很有可能。

当时，这位老师只不过是开玩笑罢了，但是，没想到几年后高君宇和自己的老师石铭的女儿石评梅之间还真发生了一段凄美的爱情故事，令人惊叹，令人动容，令人扼腕，令人唏嘘。

还是来简要说一说这一对有情人凄美的爱情故事吧。

生于1902年比高君宇小6岁的石评梅是中国近现代女作家、革命活动家，民国四大才女之一。原名汝璧，因爱慕梅花之俏丽坚贞，自取笔名石评梅。

虽然很小时就听父亲好几次提起过高尚德，说他这位学生如何有肝胆有学识，日后必成大器，但即使是到北京女子高等师范读书之后，石评梅也一直未曾见过高君宇。直到1920年的初冬，在北京宣武门外山西会馆，她才第一次结识了父亲的这位得意门生。

那天，石评梅到会馆的时候，刚好看到一个青年站在桌旁神情激动地说话。他穿着灰色的长袍，戴黑色的眼镜，举手投足间流露出一股从容和自信，眉眼之间更是透出一种英豪之气。

这青年发表了一通时政感言后，便坐下来不说了。这时，就听有人急不可耐地要求说："高君宇，接着往下讲啊！"

石评梅这才知道，这个青年就是高君宇。这时，她用心打量了一眼厅堂里其他的人，有三两成群聊天说笑的，也有围坐成一圈打牌下棋的，但聚集在高君宇身边的人似乎以他为中心，在热心地谈论着时事。

那天，坐在会馆的角落里，听着高君宇充满激情和睿智的演说，石评梅的内心激动不已。她已经很久没有感受过这种进步的感召了，是高君宇的话语将她深埋在心底的爱国热情又一次点燃。虽然，她的这种将自己投入"天下兴亡匹夫有责"中的爱国热情和强烈愿望，在经历过五四运动之后，已渐渐沉寂下去。

"他就是高君宇吗？"散会以后，她问身边的一个青年。

那青年笑了笑，说："对，他就是高君宇。如今在北大，谁都知道高君宇，到会馆来的我们山西老乡也都认识他。"然后，这青年就用一种很崇拜的口吻向她介绍起高君宇来，说高君宇是北大的才子，在去年的五四运动中，他是引领几千名学生在天安门广场进行示威游行的组织者之一。

"晋中自古出英雄，如今亦然！"那青年感叹说。

其实，石评梅除了在家乡从父亲那里听说过高君宇，来到北京后，她从许多报刊上都看到过高君宇的名字或文章，在女高师乃至同寝室的女同学口中也听说过高君宇的一些革命事迹。如今，真是百闻不如一见，坐在那里听着他说话，她感觉高君宇的声音犹如金属般响亮、清脆、激昂、高亢。他的话，他的神情，都给人一种昂扬向上的力量，一种震撼人心的魅力。

所以，等到第二次再来会馆，在仔细聆听了高君宇慷慨激昂的演说之后，石评梅便走到他身边与他攀谈起来。

"我叫石评梅，是石铭的女儿。"她走上前，握住他的手，落落大方地自我介绍道。

高君宇一怔，忙问："你是山西平定石铭先生的女儿吗？"

石评梅微笑着颔首点头。

高君宇为人本来就很耿直豪爽，一听说面前这个清秀脱俗的女孩就是自己恩师的女儿，顿时喜出望外。这一层关系使得二人一见如故，而且，很快成为经常互通书信的好友。

那天分别时，高君宇从包里掏出几本《新青年》和《新潮》等进步刊物，借给石评梅带回去看。

几天之后，高君宇收到了石评梅寄给他的一封信。

石评梅在信中说不知道为什么，自从那天与他分手后，她很惆怅，总想着要见他，听他说话，希望他能帮助她快速成长，甚至能像他那样去参加各种学生运动和社会活动，实实在在为社会为国家做一些事情。

在信的最后，她说高君宇所做的一切无疑都是爱国的，他本人无疑也是令人敬仰的热血青年，希望今后能与他经常相互切磋，但是，她也好心地提醒他，说他的事业是冒险的事业，应该"自珍身体，免为朋友所悬念"，如果有空，她希望他能经常来校看她。

他把她的信反复看了两遍，一股暖流很快流遍了他的全身，而一种仿佛应该叫作爱情的东西不知不觉地在他的心田开始潜滋暗长。

但很快，他就产生了一种不安的心理——一种模糊的近乎犯罪的心理。因为，虽然他是冲出封建礼教樊笼的勇士，但仍未能打碎封建婚姻的枷锁，如今，在法律上仍然是一个"有妇之夫"。自己这样一种身份，竟然想去爱一个年轻的女孩，不是对爱情的亵渎吗？

想到这里，高君宇一阵难过，那一度被遗忘的痛苦就像一把锥子不断地扎着他的心。

于是，在以后的日子里，他尽量回避着石评梅，竭力不去见她。不是不愿，而是不敢。

但是石评梅却不管不顾，自从与他认识后，她就经常写信给他，告诉他自己近来的学习情况和思想状态，向他倾诉自己在学习与生活中产生的疑惑和思想上的矛盾。

不知不觉中，石评梅已经非常依赖高君宇了，随着对他了解的深入，她对他的崇敬也越来越深了。

每次收到石评梅的来信，高君宇都禁不住满心欢喜，他从信中得知她的近况，也惊喜于她的思想短时间内的变化和进步。

但是，每次看完信后，他的心情都很矛盾，非常犹豫，然而最终，还是感情战胜了理智，还是忍不住给她回信，给她寄一些进步的书刊。

1921年1月，高君宇大学毕业后被留校任教，但他长期忙于社会上的其他事务，且兼职又多，在学校的时间总是很少，以致有一段时间，石评梅接连给他写了好几封信，他都忙得顾不上回信。有一天深夜回到宿舍，看到她的一封信中满是悲哀和叹息，他强忍着疲倦给她回信：

评梅：

信接着了。送上的小册子也接到了吗？

来信又言及你有"说不出的悲哀"，这恐怕是很普遍的重压在烦闷青年心中的一句话吧！因此我想：世界使人有悲哀，这世界是要换过了；所以我就决心来担负改造世界的责任了。这诚然是很大而烦难的工作，然而不这样，悲哀何时终了呢？我决心走我的路了，所以，对自己过去的悲哀，反而没有什么迫切的感受了。我相信：如果换一个制度，青年们在现社会享受的悲哀是免去的。所以，我要把我的意念和精力完全贯注在我要做的"改造"上去！

……

不难看出，高君宇的这封信真的可以说是一封关于"爱情与革命"的宣言书！他要决心通过"担负改造世界的责任"来忘却"自己过去的悲哀"。

可是，高君宇当时显然是过于粗心了，他竟然没有读懂石评梅给他的信件，对石评梅所说的"说不出的悲哀"完全做了错误的理解，他以为石评梅所说的这一"说不出的悲哀"只是当时青年人普遍所具有的对社会对前途对人生的苦闷与彷徨。

其实，石评梅当时遭受了爱情的沉重打击，而且真正是一种"说不出的悲哀"！

原来，就在去年，当石评梅从太原来北京女高师读书时，她的父亲爱女心切，生怕这唯一的掌上明珠在北京会被人欺负，把她托付给在北洋军阀政府外交部工作的山西人吴天放，希望他能帮自己照看好评梅。

吴天放年轻英俊，而且爱好文学，写过诗歌、散文、游记，在文坛上也算小有名气。自他看到石评梅第一眼开始，就喜欢上了这个漂亮温婉的小姑娘。

石评梅在女高师学的是体育，但对文学却有着很高的天赋，来北京后很快就发表了许多诗歌、散文、小说和话剧。

对这样一个美女加才女，吴天放不仅给她生活上关心与照顾，还经常和她在一起谈文学，谈人生，谈理想。吴天放口齿伶俐，很会哄女孩子开心，而远离故土从小娇生惯养的石评梅不谙世事，又特别罗曼蒂克，很快，在吴天放的精心呵护与甜言蜜语的柔性进攻下，心无设防的石评梅陷入热恋之中。

可是，有一天，她很意外地看到吴天放跟他的妻子和儿子在一起，才发觉这个对自己山盟海誓的家伙彻彻底底是个"爱情的骗子"！他骗取了自己的初恋，于是，极度愤怒的她果断地与他一刀两断！

可以想见，对她来说，这真真正正是一种"说不出的悲哀"！

那些天里，她病了，一度病得很重，有好几次，她甚至想过去死，从此撒手人寰，一了百了。

就在这时，她接到了高君宇的回信，高君宇在信中鼓励她说：

"因悲哀而失望，便走上了消极不抗拒的路了；被悲哀而激起，来担当破灭悲哀原因的事业，就成了奋斗的人了。千里征途，就分判在这一点。评梅，你还是受制屈服命运之神呢？还是诉诸自己的'力'呢？"

在信的末尾，他热情地鼓励她：

"愿你自信：你是很有力的，一切的不满意将由你自己的力量去粉碎！过渡的我们，很容易彷徨。但我们要往前抢着走，抢上前去迎接未来的文化罢！"

说起来，人的心情真的是很容易改变。那天，当她第二次看完高君宇的信后，她忽然从病床上走了下来。生的意志终于战胜了死的意念。

就像一个大病初愈的人渴望能够得到亲人的看护与照料一样，那些天里，在北京孤身一人的石评梅内心中希望高君宇能够经常出现在自己身边，能够收到他那总是在黑暗中给人以希望、鼓舞和斗志的书信……

但是，不知道为什么，有很长一段时间，他忽然音讯全无。有好几次，她特意去了山西会馆，渴望能在那里见到他，但是没有。她向那些熟悉他的同乡打听，遗憾的是那些同乡也不知道他的消息。

高君宇去了哪里呢？她有些望眼欲穿了。

其实，高君宇和张国焘、邓恩铭等作为中国共产党的代表当时正秘密去了苏俄，去参加1922年1月共产国际召开的远东各国共产党及民族革命团体第一次代表大会。

这就难怪石评梅在此期间无论多少次给他写信他都不回，而她几次去山西会馆也都没有看到他了。

"难道他把我忘了？"这样一想，她的心未免感到有些失落与怅惘。

但很显然，石评梅是完全误会高君宇了。在苏俄的那些日子，只要一静下来，他的脑海里就会不自觉地浮现出她那清纯可爱的模样，令他为之魂牵梦绕。

到了这时，他才知道，自己在心底里已经无法割舍对她的爱与思念。

石评梅曾经在信中不止一次邀请他去学校看她，他一直犹豫，也因为事务缠身未能成行，当他从苏俄辗转回国后，终于鼓足了勇气，给她写信，说自己决定去学校看她。

即使是在去女师大的路上，他的心里还是有些矛盾。

一方面，他知道石评梅是个追求进步的青年，只是苦于找不到前进的方向而有些迷茫彷徨，他很乐意当她的向导，引导她走上一条革命的道路，为进步的事业作出积极的贡献；另一方面，他知道她早已心有所属，尽管对她心存爱意，却已没有了机会，想到这里，心里未免有些落寞。

因为要去见她，那天，他特意将自己修饰了一下，笔挺的中山装，精心打理过的头发，令他整个人看起来精神抖擞，容光焕发。

快要到女师大的时候，他隔着远远的距离就看到等在校门边上的她。大半年时间没见，他感到她益发娉婷秀丽了。在绿树红墙的衬托下，她就像是画中的女子一样，美目盼兮，巧笑倩兮，格外迷人。

高君宇就在这样的凝视中，一步步向石评梅走近……

"勇敢的海燕"

　　1922年8月召开的西湖会议，根据中共中央决定，由高君宇和蔡和森两人负责筹办出版党的机关刊物《向导》。

　　之所以要让他俩创办党的机关刊物，是因为高君宇和蔡和森都是当时党内出了名的"秀才"。高君宇在轰轰烈烈的革命运动中曾参与编辑过《北京大学学生周刊》《工人周刊》《先驱》等报刊，同时配合革命运动撰写了一系列见识超群、文笔犀利影响深刻犹如一发发炮弹一样的政论文章。而蔡和森早在1918年就和毛泽东创办了新民学会，后来到法国勤工俭学不仅组织了工读互助社，而且研读和翻译了《共产党宣言》《国家与革命》等大量的马克思恩格斯经典著作。也正因此，他和其爱人向警予曾被法国当局以从事"共产主义宣传"的"罪名"驱逐出境。因而，中共中央认为，让他俩来创办党中央机关刊物是最佳人选。

当时，党内人手少，办刊人员均是身兼数职，又要走向社会采访、写稿，又要自己设计版面、编辑稿件、联系印刷和校对，并搞好发行。因此，高君宇和蔡和森耗费了大量心血。特别是高君宇，不仅要办好中共中央的机关刊物《向导》和《政治周刊》，而且还要主办团中央机关报《先驱》，况且，他的身体又非常虚弱，疾病缠身，几次因为工作过于劳累而咯血，但是，他却对此全然不顾，只要一忙起来，就什么都忘了。为此，团中央书记施存统常常关切地说："这一段时间可把你累得够呛，既要筹办《向导》，又要编辑《先驱》，你可要多注意自己的身体啊！"

高君宇诙谐地说："我们编的是《先驱》，如果没有一点儿先驱者的精神，怎能使我们的报纸发挥先驱的作用呢？"

一句话，把施存统说笑了。

虽然故作轻松，但高君宇和蔡和森的工作一点儿也不轻松。在紧张的筹办过程中，高君宇的咯血症时有复发，而蔡和森的哮喘病也更加严重了。但他们依然夜以继日地带病工作着，见此情形，蔡和森的妻子、在中共中央妇女部担任领导的向警予经常劝他俩要爱护身体，但是，由于事情太多，任务太重，他俩只好不停地忙碌。在他俩的努力下，《向导》周报创刊号终于在1922年9月13日正式出版了！

说来，《向导》真的不愧是"向导"，从它创刊之日起，就真正称得上是当时引领千百万革命群众在民主主义革命的道路上高歌猛进勇往直前的"向导"。因此，《向导》问世以后，立即在党内外引起强烈的反响，以致引起了帝国主义和国内反动势力的嫉恨和仇视。

早在筹办《向导》时，高君宇就遵照党的二大和西湖会议的精神，遵照《向导》的办刊宗旨，给自己制订了一个撰稿计划。在《向导》第2期上，他发表了《革命运动中之印度政治状况》，获得了党内外致力于国民革命运动的人们的一致好评。有人说："正当我国国民革命运动刚刚兴起的时候，高君宇发表了这篇介绍和评述印度国民革命运动经验和教训的文章，真是'及时雨'啊！"

那天，在蔡和森和向警予的家里，向警予也由衷地赞叹道："君宇君真是识见不凡啊！你自从参加远东大会以来，就如此热心地关注远东各被压迫民族的革命运动，确实令人敬佩。我们党正齐心致力于国民革命运动，无疑是非常需要借鉴其他被压迫民族的经验的。因此，我们希望今后能多多拜读你这方面的大作。"

"警予，你过奖了！"高君宇谦虚地说。

"不为过奖！"蔡和森接过话道，"你的这番议论颇有见地。我看，你就给咱们的《向导》再写一篇这方面的文章吧。"

高君宇很爽快地就答应了。这晚回家，才思敏捷的他连夜就将文章写好了，题目叫《土耳其国民军胜利的国际价值》。第二天早晨，他将文章交给蔡和森，蔡和森看罢，立即拍案叫好："写得好！写得好！不仅揭露了帝国主义之间狗咬狗的斗争，而且指出苏俄是被压迫民族的朋友，真是目光犀利啊！"

不久，高君宇和春默（张太雷之笔名）两人又合作写了一篇《介绍一篇国民革命的纲领》。文章首先认为，印度革命运动"现下需要的是革命领袖的发展和一个革命的纲领的采取"。国民会议中新产生的左翼虽然提议过一个纲领，"但他们提议的并没比甘地纲领——建设的纲领——多了革命的性质"。文章明确指出，"革命需要有领导群众实际势力的先锋军。但这种领导，不是主观的号召和空泛的计划可做到的"，而"是要接触了群众革命的动因，亲切地站在他们利益奋斗的前面"。

这篇文章从始至终贯穿了"为了群众利益而革命，非为了革命来找群众"这样一个观点。在文章的结尾，高君宇谆谆告诫国民党："唯有亲切于群众利益的革命党，才不会在革命的群众前落伍！"因为，"革命是为了群众利益的呵！"

《向导》第4期出版后，引起了社会舆论的普遍关注，但也因此受到了帝国主义反动分子的多次无理干涉。从此以后，上海公共租界的巡捕房经常到总发行所和印刷厂进行搜查，不仅严禁《向导》出版和出售，而且每次查获都对印刷厂或书店收取高额罚金。

在这种形势下，中共中央决定，《向导》编辑部于1922年10月间随同中共中央机关迁往北京，社址最初设在景山东街中老胡同一号。

但是，在军阀政府严密监视下的北京，革命刊物的印刷和发行依然充满了困难和危险。为此，高君宇和蔡和森在北京地下党组织和人民群众的掩护和帮助下，以巧妙的方式，使《向导》的编辑、印刷和发行得以顺利进行。他们把印刷厂设在偏僻小巷，并以承揽市民活计为掩护，以蒙蔽暗探们的监视和窥探。他们经常搬迁编辑部，和敌人巧妙周旋、"捉迷藏"。当时，党的经费十分困难，而共产国际资助的《向导》经费又十分有限，为此，高君宇经常把自己的生活费拿出来，以补充刊物经费之不足，而他自己则过着节衣缩食近乎苦行僧般的清贫生活。

那天，忙完手头的工作，暂时有了些空闲，他便忽然想去看看石评梅。因为，那次去她学校看她，尽管她总是竭力欢笑着，但他总感到她好像有些不对劲，似乎有什么难言之隐，回来后他一直想写信问她，但实在太忙，至今未能去信向她问个究竟。

对于他的突然到访，石评梅始料未及，有些情绪未能很好地掩藏，起码，她脸上的憔悴与泪痕是明显的。

"评梅，出了什么事吗？"他看着她，未免有些惊讶。与上次见面相比，她明显瘦了很多，整个人也有些萎靡不振。

她忽然有些情绪失控，肩膀抖动着，伏在桌上嘤嘤地哭了起来。他一时不知所措，只是劝慰她说："评梅，你不要难过，不要这样，有什么话就说出来吧，说出来心里就好受了。"

那天，在他的真诚抚慰下，她终于打开了心扉，向他倾吐了那"说不出的悲哀"。

"无耻！卑鄙！怎么会有这样阴险卑鄙的小人呢？"听了她的不幸遭遇，他气得全身发抖，咬着牙说道。

石评梅用一块白手帕拭着眼泪说："还是不去说他了吧？那个爱情的骗子，在我的心中早已经死了！"

他便待在她的身边，尽量和她说一些轻松的话题，他先是谈起故乡，谈到她的父亲他的恩师上课时的一些趣事，然后又说起自己去莫斯科开会途中遇到的种种惊险和艰难，说起列宁在接见他们时的种种情形……石评梅先是静静地听着，后来，也时不时地插一两句话，或是不自觉地露出一丝微笑，但很快又归于平静，一脸抑郁。

他知道她内心的苦闷与痛楚，因而，在分别前，他还不忘用自己的亲身经历来鼓励她，希望她能够早日摆脱苦闷，走出忧伤。

高君宇的话语给了石评梅很大的鼓舞，也让她对生活对未来重又充满了信心。这让她对他禁不住满怀感激。她想，要是来北京，最先见到的是高君宇该有多好啊！

那些天，在高君宇的温情陪伴和细心呵护下，石评梅渐渐从阴霾中走了出来，她的心情开朗了不少，也经常跟高君宇去陶然亭一起散步，谈论时政，交流思想。

有一次，高君宇和自己的同伴约好在陶然亭见面，顺便也将石评梅带去了。

石评梅安静地坐在一旁，听高君宇他们讨论时事，分析革命形势。从他们激昂而又理智的言语中，她受到了很多启发，也对国内的社会形势有了更清晰的认识，不知不觉中，思想觉悟也有了很大的提高。

和高君宇在陶然亭相伴相知的时光是轻松快乐的，在那些时光里，她已经从个人的伤痛中逐渐走了出来。

因此，在内心中，她很感激高君宇。良师益友难得，千古知音难求。在她的心里，高君宇既是她的良师，也是她的益友，她为自己能够与高君宇相遇而感到万分幸运。

然而，单纯的石评梅却没有察觉到，高君宇看她的眼神已渐渐有了微妙的变化。

是的，一切都在悄然改变着。自从那天知道了她不幸的遭遇之后，他就决心要保护她，不想再让她受到任何的伤害！

可是，怎样去保护她呢？那自然是去爱她，不在乎她的过去，勇敢地去爱她，和她在一起。他会好好地珍惜她，不会再让她重蹈覆辙，也不会再让她受一点伤害，流一滴眼泪。

可是，就像石评梅并不完全了解高君宇的内心一样，其实，高君宇也并不真正了解石评梅的真实内心。古往今来，爱情有时候就是这样阴错阳差。

这年，石评梅大学毕业，师大附中校长林砺儒主动找她谈话，希望她接受北师大附中学级主任一职。石评梅先还有些犹豫，怕自己做不好，但仔细考虑后还是答应了。

可是，一到任，她就立即感到失望了。原来，她所住的宿舍竟然是一座破旧的古庙，她所住的房间更是一间荒废的书斋。虽然大失所望，但是，在经过一番精心布置之后，她还是住了进来，并把自己的宿舍戏称作"梅窠"。

听说石评梅有了工作，又新分了宿舍，高君宇特地跑来恭贺她的乔迁之喜。一看高君宇来了，她的眼睛顿时一亮，几乎所有的不快都没了。

为了安慰她，高君宇当即手写了一卷《陋室铭》作为贺礼送给她。这让石评梅满心欢喜，她半带调侃地笑着说：

"我要把它挂在卧室的墙上，晨昏三叩首，早晚一炉香，一天念它三遍，把我自己也变成一个有德能的人，才对得起你写的这条幅！"

高君宇正式向石评梅表白爱情，是在1923年10月的一个夜晚，那天晚上，石评梅正准备入睡，一个小女孩忽然给她送来一封信。她拆开来一看，竟是一张白纸，再看信封，里面还有一片红叶，那红叶上竟还写着两行字：

满山秋色关不住，

一片红叶寄相思。

"红叶传情？"凭着女性特有的敏感，她一下子就懂了。

面对高君宇寄来的红叶，她沉思了很久很久。因为第一次恋爱的失败，她已不再相信那"执子之手与子偕老"的空幻诺言，她不想也不敢再轻易地接受男人的爱了。她怕再次受骗，并在心中早就打定了独身主义。

晚上，在深秋的庭院里，坐在凉亭里，她呆呆地望着天空皎洁的月亮出神。沉思了很久，她回到屋内，在红叶的背面，写下了这样一句话：

枯萎的花篮不敢承受这鲜红的叶儿。

写毕，仍用原纸包好，把红叶寄还给高君宇。

接到回信后，高君宇感到极度伤心。他忍着心痛小心翼翼地把这片红叶保存起来。他毕竟是一位坚强的无产阶级革命战士，虽然求爱遭到拒绝，却并没有因此改变他的人生信念和革命信仰，在最痛苦的时刻，他劝慰自己说："我是可移一切心与力专注于我所企望之事业的！"

几天后，在《晨报副刊》的显著位置上，刊登了高君宇撰写的《"赤色帝国主义"吗？》一文，大标题下，还有一行副标题，"中国应排除一切疑念及阻碍，毅然与劳农俄国为第一朋友"。这篇见识不凡的文章，很快在社会上传开了。

石评梅看到这篇文章时，内心大为感动和折服。是啊，这是一位多么令人敬佩的革命志士啊！想不到在他刚刚受到爱情挫折时，还能如此勇猛地全身心投身到火热的革命斗争中来，真的是一只勇敢的海燕，一只战斗的海燕！

"唉，无奈，我的黄金明珠结扎的美丽花冠，已被个狂疯的青年撕碎！今生今世，我已不想再爱也无力再爱了！……唉，君宇，我真对不住你！"她对爱情与人生是严肃思考又特立独行的。只有她真正觉悟了的，才会毅然决然地行动。如今，她因受过吴天放的欺骗而心存疑虑。对高君宇，她敬佩、敬爱，却不愿轻易接受他的爱情。于是，她写了首旧体诗《青衫红粉共飘零》，表明自己敬佩"青衫"中的"英雄"，却表示在爱情上"弹别弦"，只能保持"知己"的冰雪友谊。

因为害怕高君宇因她而受伤，她心情很是复杂地摊开"几生修得到梅花"的浅蓝色信笺，给"仍二十四分尊重"的高君宇写信，一封，两封……

这期间，高君宇正致力于《平民》复刊工作，每天都到了废寝忘食的地步，以致他自己都说"把我疲极了"！他之所以如此拼命工作，一方面自然是因为工作的需要，但另一方面也无疑与红叶被退有关。

是的，他其实是用繁忙的工作来麻痹自己，折磨自己。因为，他觉得这种紧张的工作，对于他"极有补益，因为身被忙碌占去，神思再不得去专注一些绞思，陷入空洞无可依托的烦闷"，他将这称为"经验"。他说："烦闷的避免，就在人们不停的工作中呀！"

1923 年 11 月 1 日，由高君宇亲手筹办的《平民》复刊了，该刊由周刊变为半月刊，高君宇任主编。不久，根据党组织的安排，高君宇于 12 月 15 日搬离"静庐"，住进党的秘密工作地——腊库胡同 16 号杏坛学社公寓，与他同住于此的还有范鸿劼、张国焘及其妻子杨子烈。此时，孙中山已经发表了《中国国民党改组宣言》，而中共中央三届一次会议也已通过了《国民运动进行计划决议案》，要求党员应努力争取"站在国民党中心地位"。因而，高君宇的工作更忙了。

尽管如此，高君宇和石评梅之间还是经常书信往来不断。一天，他接到她的来信，在信中，她犹疑地试探着说，君已是有家室之人，如果我答应君的要求，岂非会落个破坏他人家庭幸福的罪名？因此，"愿我自珍自爱的朋友，也绝不肯出此下策溺我于大不义！"

看罢信后，他的心中起了万丈波澜，他想："是的，我确实已有一个妻子，但那只是徒有虚名，只是一个名分上的妻子啊！"于是，他立即给她回信，向她仔细解释原委，说明自己多年来难以言说的苦衷。同时，曾经对自己的那桩不幸的婚姻只顾逃避不敢反抗的他终于鼓足了勇气，给自己的"岳父"李存祥写信，恳求与"妻子"离婚。

李存祥是通情达理的人，深知强扭的瓜不甜，在接到高君宇的信后，就很大度地答应了。

就这样，那根束缚了高君宇近10年的婚姻绳索终于被他挣断了，在爱情上，他又变成了自由身！

他想，以后自己就可以名正言顺地去追求石评梅了。

说来，爱情真是一个极易放纵的魔鬼，谁要是恰好落在了她的手里，谁就会立刻变成她的俘虏。在追求革命的道路上，高君宇完全是无惧风雨和雷电的"勇敢的海燕"，但是，在爱情方面，他却是那样的执着和痴情。诚如他对石评梅所言：我的心灵"不能自禁为君而焚烧，且将是永远赤炽的焚烧"。

也正是因为深怀着这样炽热的情感，他将那片寄托相思的红叶一直珍藏起来，直到生命的最后时刻。

09 孙中山的秘书

　　自从《向导》编辑部跟随中共中央机关由上海搬到北京之后，高君宇便在通过《向导》宣传党的政治纲领和进行反帝反封建的同时，积极参与到李大钊和中共北京地委领导下的工人运动当中。当时，以1922年8月的长辛店工人大罢工为先导，北方工人运动很快掀起了高潮：10月13日，唐山铁路工人罢工；23日，开滦五矿工人举行大罢工；28日，唐山启新洋灰公司等工厂工人开展大罢工；几乎是在同时，京绥路车务工人也愤怒地发出了罢工的吼声……

　　但是，对于工人的罢工运动，国民党主办的报刊非但不予支持和同情，反而发表了保护外国资本家生命安全的电文。对此，高君宇义愤填膺，奋笔疾书，撰写并在《向导》上发表了《国民党报纸不应有这样的记载》一文，义正词严地批驳了国民党报纸的错误言论。

不久，作为中共中央执行委员和《向导》编辑、记者的高君宇，根据中央指示离京赴粤，了解陈炯明叛乱之后的广东局势。在香港，当他从《南华晨报》上读到一篇由该报主笔撰写的旨在鼓吹"国际共管"中国的文章《中国病的医治》，大为震惊和愤怒。为了揭露这一阴谋，高君宇立即以"通讯"形式写了一文，寄往北京《向导》发表。这篇《香港通信》刊出后很快在社会上引起强烈反响，一位师范学生给高君宇来信说：

君宇先生：

今日的中国，差不多变成一种国际帝国主义的殖民地，和本国军阀的抢掠场了！什么"平等自由""国民自决"，都是一种口头禅，全国的人民天天像在十八层地狱下过生活！贵报同人（仁），竟能在这黑暗的中国，给人民一个很光亮的道路，创一种向导周报，全国人民没有一个不欢迎，不庆祝！

……

能得到读者这样的肯定，对高君宇对《向导》全体同仁来说，当然是莫大的欣慰和鼓舞。

这期间，高君宇密切关注着工人运动遭受帝国主义和国内军阀联手压迫和镇压的事态发展：

吴佩孚派兵镇压唐山工人。美国军队在场扬言：如不速决，列国将派兵"护路"。

上海金银业罢工工人因与店主发生冲突，被英国巡捕两次捕去数十人。

汉口英美烟厂工人因反对洋监工虐待女工愤而罢工，结果遭到警察拘捕。

……

看到这一条条消息，高君宇怒火满腔，他决心用自己的笔为刀枪，揭露和抨击这些中外反动恶魔的丑恶与凶残，他要帮助那些受苦受难的同胞认清这些恶魔贪婪和嗜血的反动本质，以此号召被压迫和剥削的中国劳苦大众团结战斗！于是，他在《向导》上发表了《美国驻兵——英国巡捕——中国警察》一文，像匕首一样，刺向那些中外反动恶魔，也启发和激励着中国工人阶级和人民大众加入反帝反封建的战斗行列中来。

1923年1月，中共中央决定通过中国劳动组合书记部及其分部领导京汉铁路总工会成立大会的筹备工作，并酝酿开展京汉铁路总罢工。于是，张国焘、罗章龙和高君宇以不同身份先后由北京来到郑州。

京汉铁路总工会的成立遭到了军阀吴佩孚的强烈反对和大批军警的强行阻挠，关键时刻，高君宇等人还是冲破重重阻力，甚至不惜冲破军警的"堤坝"，毅然于2月1日宣布京汉铁路总工会正式成立，并立即着手开展罢工。

2月4日上午，京汉铁路沿线各站先后宣布罢工。"罢工！罢工！"铁路工人们的怒吼惊天动地。各站机构顿时全部瘫痪，所有列车全部像一条条僵死不动的长蛇。

但是，在身后帝国主义反动派的唆使与威逼下，反动军阀吴佩孚竟然捉拿和大肆血腥屠杀罢工工人。

那天，突然从一位工人的口中得知长辛店工会干部被捕的惨景后，高君宇义愤填膺，彻夜未眠。第二天一大早，他置生死于不顾，冒着凛冽的寒风，赶到工会会所，与工会干部们商讨对策，并立即带领长辛店2000多名愤怒的工人群众前往火神庙向反动军警示威，要求释放被捕的工人。

这次的示威立即遭到了反动军警的镇压。当那些全副武装的士兵将工人们团团包围，高君宇起先还以为不过是一种威吓，但是，令他怎么也没想到的是，突然，枪声响了，工人们纷纷倒下了！……

京汉铁路工人大罢工遭到吴佩孚的血洗后，举国震惊，各界人士群情激愤。很快，北京各大专学校的学生以及工人、市民等群体都纷纷走上街头，愤怒声讨和谴责直系军阀在二七惨案中的暴行，并举行了游行大示威和向总统府请愿……

就在这时，由于长时间过度气愤、抑郁和悲伤，石评梅忽然得了重病，头疼欲裂加上吐血，身上还出现了许多红斑。医生来看过后，说是猩红热。这一病就是40天，而且病情程度很重。

得知消息后，尽管那期间高君宇实在太忙，但他还是每天设法抽出时间前去照料她。看到他清瘦的面容，蓬乱的头发，憔悴的神情，她的心中十分痛苦。她知道，他的身体其实也很虚弱，咯血症时常折磨着他。但在她面前，他从来都显得若无其事的样子，情愿为她做任何事情，越是这样，就越是让她感动和不安。

有一阵子，她病得厉害，连续昏迷了好几天，当她醒来时，只见高君宇站在她的床前，低着头，拉着她的手，点点热泪滴在她的手背上。见此情景，她又一次强烈感受到高君宇对自己的一片痴情，这种时刻，她也忽然有些感动，禁不住热泪盈眶。望着高君宇那日渐消瘦的面庞，她紧紧握着他的手安慰他说：

"君宇，你不要难过，我不会容易地死去的。"

后来，他走了。看护她的何妈告诉她说，这些天在她昏迷时，高君宇又把那个德国大夫请来了三四次，每次都是高君宇拿药方到大街上为她买药。有两次，在她病重的时候，高君宇深更半夜为她请大夫，敲药房的门买药。

"石小姐，"何妈说，"你有这样一个疼你、爱你的男人，是你前世修行得好，是你的命好！"

石评梅听了，悄然流下了热泪。她知道，他是一个值得自己把一生托付给他的人，一个值得自己深爱的人，只是，她自己发下的独身誓言，她不知道该不该这么快就去打破？

二七惨案发生以后，一个抗议直系军阀暴行声援罢工工人的群众斗争高潮很快在北京乃至全国各地掀起了，但是，已经杀红了眼的反动军阀并没有收敛，反而更加疯狂。一方面，他们在京汉铁路沿线结集更多的军队，准备残杀更多的罢工工人；另一方面，视共产党和劳动组合书记部为眼中钉、肉中刺的北洋军阀政府，经过密谋策划，开始下令通缉共产党和书记部人员，诸如李大钊、陈独秀、张国焘、高君宇等，同时到处张贴布告，声称："主张共产，宣传赤化，不分首从，一律处死。"自此以后，北京城内，经常有军警大肆捉拿共产党人，一时间，真是黑云满天，恐怖遍地。

在这种形势下，中共中央和中共北京地委分别召开会议，一致决定：鉴于目前如果坚持和扩大罢工，势必会遭到反动军阀对工人群众更凶残的屠杀，因此忍痛复工。同时，凡被通缉的共产党人全部离开北京，转入地下避难。李大钊因此避难河北昌黎五峰山，而高君宇则离京赴晋。

高君宇还没来得及离京赴晋，他竟差一点被捕了！

这天清晨，天刚蒙蒙亮，高君宇突然听到一阵刺耳的警笛声，紧接着就是一阵"咚咚咚"的砸院门声。

"谁呀？"房东一边打着哈欠走过去开门，一边问。

"快开门！"门外传来粗暴的声音。

高君宇这时从床上一跃而起，撩开窗帘一角，向外一看，这时院门正好被砸开，只见一群全副武装的军警蜂拥而入。

"不好！"君宇想，腊库胡同16号的秘密工作点已经暴露了！

军警们如狼似虎直奔上屋，没有出示任何证件就把张国焘和他妻子逮捕了，然后翻箱倒柜，查找大批文件。高君宇知道，军警之所以没有先来抓他，是因为他住的是夹在门房和厨房之间的一间极为窄小极为简陋的房子，很像是下人住的。这个时候，高君宇一边销毁重要文件，一边想着如何脱身，很快他便摘下眼镜，换上一件满是油渍的衣裳，提着买菜的篮子，从那间简陋的屋子里神情自若地出来，不紧不慢地向院门口走去。

"站住！"院门口两个把门的军警把枪一横，挡住他的去路，对他呵斥道，"干什么去？"

"买菜去。"高君宇平静地回答。这时，他看到胡同口停着几辆黑色警车，张国焘和他妻子正被几个军警反剪着双手用力推上警车，他的心不由得颤抖了一下，但很快就表现得从容镇定。

"你是干什么的？"

"像我们这种人还能干什么？伙夫，替人家有钱人买菜做饭的伙夫。"高君宇故意叹口气显得有些牢骚满腹地说。

两个把门的军警这时便上上下下仔细打量他。看到高君宇穿的这件白布褂上油渍斑斑，这些油渍显然不是一天两天就能形成的，再看高君宇头发蓬乱，胡子拉碴，神情憔悴，也丝毫看不出那种革命者的高大形象，看来真的就是一个伙夫。

"去去去——快滚吧！"其中一个军警冲他呵

斥道。

出来之后，高君宇知道，如今街衢要道，军警密探遍布，此时倘若离京，无异自投罗网。于是，他便先暂避于一个朋友家中，准备乘黑夜再乘车去太原。这天白天，他到前门火车站西站，和几个铁路工人谈了一阵子，改换了装束，约好夜里 11 点，乘西去的客车离京。

当时，因为离开车的时间还早，高君宇忽然想起病卧荒斋的石评梅。他想，她的病现在怎样了？她的药还有没有人帮她去买？说实在的，这次离京，除了担心组织会遭到敌人破坏，他最放心不下的就是石评梅了。于是，他忽然产生了一种强烈的欲望，离京之前，一定要去看看石评梅！

于是，那天傍晚，已经化了装的他冒着狂风暴雨来到了"梅窠"。

高君宇进门时，石评梅正在灯下写家书。听到脚步声，她抬起头一看，只见女仆身后跟着一个陌生的军人，便责怪女仆为何擅作主张将一个陌生人带进家来。谁知，女仆不但不认错，反而笑着说："小姐，你仔细看看是谁？"

这时，高君宇已经揭去脸上的假须，石评梅顿时惊喜地喊道："啊！君宇！真的是你吗？刚才我还想到你哪！"

这时女仆已经退了出去。

"评梅，身体现在怎么样了？"

"已经好多了。君宇，你为什么要化装成这样？"

"今天，北京军警开始大肆逮捕共产党人了。腊库胡同 16 号已经暴露，有人被抓了。现在，他们正在通缉我，我今夜就去山西。评梅，在北京我最放心不下的就是你，所以，走之前想来看看你。"

高君宇一口气还没把话说完，就看见她的泪水已经流了下来。

"评梅，不要怕！"他安慰她说，"他们是抓不到我的，即使被他们抓去了，坐牢或是杀头，也没什么可怕。假如怕，我就不干革命事业了。"

"评梅，你一定要好好保重身体，安心把病养好！"说到这里，他从口袋里掏出一张药单，递给她，"药单留给你吧。我走后，只好让你自己上街配药了。"

她从他的手中接过药单，忽然紧紧拉住他的手，用一种异样的眼神凝视着他说："君宇，你也要好好保护好你自己！你走后，我会想你的，你一定要早点平安回来看我。"

不知什么时候，两人忽然情不自禁地紧紧相拥在了一起。

那晚离京时淋了雨，等乘火车到了石家庄时，高君宇就病了，而且病得不轻。但是，一回到山西，顾不上休息，他就积极组织建党，很快在太原在阎锡山的眼皮子底下举行了共产党太原小组成立会议。

所以，高君宇被公认为是中国共产党在山西的创始人。

听说高君宇回到太原，而且秘密筹建共产党组织，阎锡山气急败坏，决定对他实施抓捕。但是，富有地下斗争经验的高君宇又一次智脱虎口，从阎锡山布好的罗网里逃脱了！

这年秋天，根据李大钊的要求，为加强北方共产党组织的领导力量，中共北京区委兼北京地委改组，赵世炎被中共中央任命为委员长，范鸿劼为组织部主任，高君宇为宣传部主任，陈为人为农工部主任，李国暄为国民运动委员会书记。

1924年9月3日，一场军阀之间争权夺利的狗咬狗战争——江浙战争爆发了。高君宇密切关注着形势的发展，9月10日，他在《向导》第82期上发表《江浙战争与外国帝国主义》一文，一针见血、入木三分地指出：

"中国军阀的战争，每次莫不有帝国主义在背后操纵利用。……帝国主义之所以各辅助一派军阀，并不是有神惠特爱于某一派军阀，乃是要借所辅助的军阀之胜利与发展，造成外国在华优越的地位……同胞们！中国除了国民革命之外，还有第二条解救的道路吗？"

就在此文发表后不久，高君宇受中共中央指派前往广州，协助孙中山先生工作。

中央之所以作出这样的决定是基于这样的考虑：高君宇是一位革命统一战线的促进派。他不仅在理论上对国民革命和国共合作具有深刻的认识和卓越的见解，而且用自己的革命行动实践了自己

的思想。因此，他在国民党中知名度很高，而且深受国民党"左派"的敬爱和器重。派他到孙中山身边工作，做孙中山的政治秘书，无疑是很理想的人选。

临行前，陈独秀找高君宇谈话，叮嘱他说："你此次赴广州协助孙中山工作，做他的秘书，责任重大。你知道，在国民党内右派很有影响，他们包围着孙中山。孙中山每前进一步，都要经过巨大的努力。因此，你一定要巩固国民党'左派'的力量，尽力排除右派势力，协助孙中山坚定地推行三大政策，以推动国民革命大踏步前进！"

对于此次前往广州担此重任，高君宇也早已深思熟虑，听了陈独秀的叮嘱，他点点头，坚定地说："绝不辜负中央的期望！"

"死如彗星之迅忽"

1924年9月22日，高君宇乘轮船由沪赴粤。自从5月下旬从腊库胡同智脱虎口后，他先后奔波于京、晋、沪、粤之间。

高君宇抵达广州时，决定兴师北伐的孙中山亲率北伐军先头部队离开广州到韶关大本营去了，他便以共产党员身份留在广州革命政府协助工作，并与苏俄顾问团、中共两广区委、广东工代会等取得了联系。

对于孙中山先生的北伐之举，高君宇甚感欣慰、振奋，因为此举再次表明，孙中山已彻底放弃幻想，对帝国主义的态度已完全转变为坚决反对了。然而，在欢欣、振奋之余，他对广东的局势还有几分担忧，因为在英帝国主义的唆使下，广东商团正在加紧实现推翻以孙中山为首的广州革命政府的阴谋，而且反动气焰日益嚣张。

10月10日，广州革命群众隆重举行纪念武昌起义13周年大会，会场上，人山人海。会后，举行盛大的游行。工团军、农团军、学生军以及普通群众一队一队地行进。当游行队伍从长堤转入太平南路（即今人民南路）时，突然枪声大作，弹雨纷飞，游行队伍中有人纷纷中弹倒地。见此情景，当时正坐在指挥车上的高君宇立即意识到这是商团所为，便镇定自若地大声指挥大家说："商团已经动手了，我们必须组织还击，并赶快疏散群众！"说罢，命令司机将车马上开上前去。

指挥车冒着枪林弹雨一路往前开，高君宇奋不顾身，一路呼喊着，指挥群众疏散。突然，一颗子弹"砰"的一声，击穿了车窗上的玻璃，从他的手上擦了过去，他的手顿时鲜血淋漓……

惨案发生后，在中国共产党和工农革命群众的支持下，孙中山决心采取断然措施，镇压商团叛乱。于是，革命委员会也即专门负责镇压商团叛乱的权力机关成立了，孙中山亲任会长，廖仲恺和共产党人谭平山等人为全权委员，很快便打响了平叛战斗。

尽管伤病未愈，但在革命委员会部署的战斗中，高君宇却挺身而出，主动请战，谭平山劝他安心养病，但高君宇说什么也要参加战斗。谭平山没办法，只好让他参与平叛。在战斗中，他冒着枪林弹雨，和工团军并肩战斗，完全置个人生死于度外，经过激烈战斗，终于镇压了商团的叛乱。

平定叛乱后，由于高君宇枪伤未愈，而且他的咯血症又复发了，谭平山、周恩来等人硬是强迫他在医院里休息了几天。高君宇是个闲不住的人，尽管他的病情很重，脸色蜡黄得几乎没有一点血色，每天都要打针、服药，但他还是一有空就爬起床，又是写文章，又是给石评梅写信，总是忙个没完。

那天夜晚，他从病床上坐起来，又给石评梅写信，信写得很长，在信的最后，他写道：

"双十节商团袭击，我手曾受微伤。不知是幸呢还是不幸，流弹洞穿了汽车的玻璃，而我能坐在车里不死！这里我还留着几块碎玻璃，见你时赠你做个纪念。昨天我忽然很早起来跑到店里购了两个象牙戒指；一个大点的我自己戴在手上，一个小的我寄给你，愿你承受了它。或许你不忍吧！再令它如红叶一样的命运……"

信写好后，他便将信和戒指一起寄给了远在北京的石评梅。

不久，等病情稍微有些好转，他便急不可耐地出院前往韶关拜见孙中山。

当年，应阎锡山之邀，孙中山曾去山西考察，当时还在山西省立一中读书的高君宇曾见过孙中山，这些年来，对中山先生高君宇一直都很仰慕和崇敬，如今，能够在他的手下工作，高君宇感到非常高兴也非常荣幸。

对高君宇，孙中山因常看《向导》其实也"久闻大名"了，对这位年轻的正直而又很有才气的共产党人，孙中山自然十分喜欢和器重。尤其令孙中山赞赏的是，高君宇在报刊上发表的一系列与国民革命和国民党有关的文章，颇有真知灼见，对于实现国共合作、改组国民党、制定国民党党纲以及推动中国革命等，无不起到了推波助澜的作用。这些年来，孙中山总感到在国民党内追名逐利的人太多，精进不休的人才太少，特别是像高君宇这样年轻正直集才气与正气于一身的人才实在是太少了，于是，他便将高君宇留在身边，并委以秘书之职。

10月23日，直系将领冯玉祥在全国革命形势高涨的推动下，突然举起反直的旗帜，发动了"北京事变"。第二天，他电邀孙中山北上共商国是。尽管当时，孙中山已感到身体不适，腹部常隐隐作痛，但为了国家和民族大业，他还是欣然答应。自此，孙中山在积极部署北伐的同时，也积极做好北上共商国是的准备，高君宇奉命参与了这一工作。

那天，在广州的大元帅府，高君宇看到了段祺瑞给冯玉祥的电文，从中，他嗅到了一种段祺瑞急于想出山执政的不祥的味道，于是满心忧虑地对宋庆龄说道："要是这个清朝的军谘府大臣、袁世凯的国务总理上了台，还不是和曹锟、吴佩孚之流一样的货色吗？中国现在需要的是统一，是独立，是打倒列强、打倒军阀，成立一个独立的民主自由的国家啊！"

宋庆龄说:"你和先生的想法真是不谋而合!先生认为,段祺瑞有出山执政的野心。因此,先生对解决北京政变后时局的主张是召开国民会议以统一中国!"

11月13日孙中山起程北上后,身为政治秘书,高君宇也一路跟随,在改乘日轮离港赴沪时,站立在船头极目远眺,他的耳畔忽然回荡起孙中山如警世钟般的话语:"世界潮流,浩浩荡荡;顺之者昌,逆之者亡。"他想,当今中国革命的潮流正奔腾向前,是任何力量都阻挡不了的!

11月17日,孙中山一行抵达上海,在接受各国记者采访时,他表明一定要收回租界:

"上海是中国的领土,我是这上海的主人,他们都是客人。主人行使职权,在这个领土之内,要想怎样便可以怎样。我登陆之后,住在租界内,只要不犯租界中的普通条例,什么事都可以做。英国人一味蛮横,拒绝主人,则我唯有采取断然之处置,取消不平等条约!"

高君宇在一旁听了孙中山的话,眼睛里不知不觉地涌出了泪花。

12 月 4 日，孙中山一行抵达天津，李大钊亲自到天津欢迎。由于一路护送孙中山北上，操劳过度，到达天津的第三天，高君宇忽然又咯血了。李大钊立即派人把高君宇送回北京东交民巷的德国医院治疗。

高君宇住院的消息，石评梅不是第一时间就知道的，而是过了好几天由高君宇的好友兰辛打电话告诉她的。接到电话，她匆忙赶去医院。

当时，高君宇正在重病中，处于昏睡状态，当石评梅走近他的病床，握着他的一只手泪流满面的时候，他都没有任何察觉和反应。

随后，她跪下来，用手指给他理了理有些凌乱的头发，然后，便默默地打量着他。一个多月没见，感觉他比以前更瘦了，眼睛已经塌陷下去，脸色更加蜡黄，颧骨高耸，骨瘦如柴。

石评梅的心一酸，眼泪止不住又流下来。这时，她忽然注意到他的另一只手上戴着的那枚象牙戒指，和自己手上戴着的那一枚象牙戒指正好是一对，犹如定情信物一般，她的心禁不住一怔，立即明白了高君宇的痴情与苦心。

这时，仿佛有心灵感应一般，高君宇从昏睡中忽然醒过来，睁开眼，看见石评梅在他的床边哭泣，便伸出手，轻轻抚着她的肩说："评梅，你来了。"

她这时抬起头，深情地看着他。

"朋友，我接受了！我接受你的爱！"

他满含深情地说："我终于得到了你的爱，得到了值得我深爱的人的爱！"

这也许是他一生中最幸福的时刻吧，这时，他感觉自己是这天底下最幸福的人。

过了一段时间，在克利大夫的治疗下，高君宇的病开始痊愈。克利大夫要求他出院后还需静养半年，否则会转肺结核。可是，一心想着革命工作的他哪里能闲得下来？还没出院就在病床上校改《向导》将要发排的稿子，改改，歇歇，再去改，有时一直要忙到深夜。

1925 年年初，因为时刻关心革命形势的发展，急于投身大革命的洪流之中，高君宇不顾医生和同志们的反对，提前出了院。

出院那天，石评梅特意给他在床前照了一张照片。他两手抚胸，明显地露出右手上的象牙戒指。后来，高君宇在协和医院病逝，石评梅向他的遗体告别时，令她触目伤心的就是他右手上那枚洁白如玉的象牙戒指。

高君宇出院后，移居于东交民巷苏俄大使馆内，继续带病工作。就在这时，他接到党的通知，要他出席党的四大，他略略准备一番，便离京赴沪去了。在会上，他见到了在广州就一见如故的周恩来，会议间隙，两人欢谈甚深，两个资深的年轻革命者甚至"彼此互通了个人的恋爱情报"。

会后，高君宇返回北京。临行前，周恩来请他给当时在天津任教的邓颖超带去一封信。途经天津时，高君宇找到了邓颖超，与她交谈甚洽，这次谈话给邓颖超留下了深刻印象。多年后，在回忆起往事时，邓颖超还满怀深情地说高君宇是她和周恩来之间的一位"热诚的红娘"。

一到北京，高君宇就径直到李大钊家中，向他作了汇报，晚上，他又向中共北方区执委会作了全面的汇报。

冯玉祥发动北京政变后，段祺瑞抢先下山，抢夺了"临时执政"的交椅。他不仅承认不平等条约，还召开善后会议妄图取代国民会议预备会。

1925年3月1日，正当善后会议在吵吵嚷嚷中进行的时候，国民会议促成会全国代表大会也在北京开幕了。

高君宇以北京代表的身份参加了大会，他和李大钊、赵世炎等参加了由30人组成的大会主席团。

为防止意外，高君宇的弟弟高全德，根据中共北方区执委会的指示，全程守候在会场附近。

这天，开幕式结束后，代表和列席代表200多人在北京大学三院操场上合影，高君宇和李大钊等在前排就座。

然而，谁也没有料到，仅仅3天后，真是天妒英才，高君宇便抱病与世长辞了！

原来，因为这些天要开会，又要负责安全工作，非常劳累，3月2日下午，高君宇就感到腹部有些疼痛，等到3月4日腹痛加剧，不能行动了，才被人送回到寓所休息。

听说高君宇又病了，石评梅急忙赶过来看他。

才一进门，不知怎的，她第一眼就看到了戴在他手上的那枚象牙戒指，而且惨白得吓人。这时她的心禁不住颤抖了几下。

哦！象牙戒指！虽然当初他是用它来作为两人的定情之物，以此来象征两人间爱情的纯洁，可是，她却执意用它来禁锢了两个高尚圣洁的灵魂，扼杀了两个锦绣年华的生命！

这时，她忽然有些内疚了，后悔了！

"君宇！君宇！"她心痛地唤他，已经泣不成声。

看到石评梅又在流泪，他摇摇头，笑了笑说："评梅，什么时候你的泪才能流完呢？"

她听了他的话，哭得更加伤心，一时也说不出话来。停了一会儿，她把他慢慢扶起来，让他依偎在自己怀里，给他喂了点橘子汁，然后，又轻轻地扶他睡下。

"评梅，谢谢你这数月来对我的照顾……"后面的话他再也没有说出来，只瞪着两个凹陷的眼睛凄然地望着她。

"君宇——"她哭泣着说，"都怪我，都怪我呀，君宇！这一切都是我的罪过，你都是为了我，才……君宇，你假如仅仅是承受我的心时，现在我将这颗心，双手献在你的面前。"说时，她把他的手放到自己的胸前，"我愿它永久用你的鲜血滋养，用你的热泪浇灌。"直到这时，她才忽然明白了自己的真实内心，才意识到原来高君宇已经在她的心里占据了那么重要的位置。而她执着地坚持了那么久的独身主义，原来只不过是一种自欺欺人的假象，在她意识到自己将要失去他的最后时刻，她才忽然意识到他在自己生命中的珍贵，而所谓的独身主义便立即土崩瓦解、灰飞烟灭了。

如今，只要他能活着，她想，她情愿为他做任何事，甚至要嫁给他，马上就做他的新娘，她也心甘情愿。

高君宇强忍着腹痛，吃力地说："评梅，我不是早就说过了，这不是你的过错，你也不必难过、自责！……我知道，我这架机器不堪耐用了！死，并没有什么可怕的。一个人能为人民大众的解放事业而死，又有何怨？又有何憾？只是国民大会尚未召开，革命大业尚未成功，还有评梅，今后我恐怕不能再陪你了！……"泪水这时也从他的塌陷的眼睛里流了出来。

男儿有泪不轻弹。这一生中，从小到大，他很少流泪。现在，他却禁不住流泪了。

这天下午，高君宇被送到协和医院，医院诊断是急性盲肠炎，需要立即手术。

谁知，就在这天夜里，做完手术的高君宇忽然与世长辞！死时，年仅 29 岁。谁也没有料到他会走得那么快，那天晚上，只留他一个人在医院，以致到最后，英雄落寞，他竟一个人孤孤单单地离开了。

> 我是宝剑，
>
> 我是火花，
>
> 我愿生如闪电之耀亮，
>
> 我愿死如彗星之迅忽。

这是高君宇在自己的照片背后用行书写的一首小诗，想不到，竟成了他一生的真实写照。他短暂的一生，真的"生如闪电般的耀亮，死如彗星之迅忽"，像一首激越昂扬的交响曲，才刚进入高潮就忽然戛然而止！

那天下午，因为学校有事，石评梅赶回学校，等到夜里，睡在床上，她忽然做了一个梦，梦里她看见高君宇身穿白衣白裤手拿一束白梅来看她。

"阿璧，"这是他对她的爱称，"今后我们可能很难再相见了。送你一束白梅，留作纪念，也不枉我们人世间相爱一场！"话刚说完，她发现白衣飘飘的他忽然不见了。

"君宇！……君宇，你干吗要走？"

也就在这时，一阵急促的电话铃声把她惊醒。电话是她的女师大同窗好友陆晶清打来的，要她赶快去医院，她就知道不好，等到坐上马车匆匆赶往医院的途中，听说高君宇已经走了，她忽然大哭一声，一下子晕倒在了马车上……

11 尾声:"在天愿作比翼鸟"

　　那天夜里,石评梅忽然在马车上昏厥过去,后来到了协和医院,醒来后,看到那间熟悉的病房,洁白的病房,看到他紧闭的双眼今生今世再也不会睁开,她便又昏厥了过去。等到又一次醒来后,她所能做的,似乎就只有痛哭,只有痛悔,那种痛彻心扉的哭泣与愧悔……

　　她没有想到病魔会这么快就夺去她知心恋人的宝贵生命。她还有很多话要跟他说,而且,在他的最深情的爱的感染下,她已渐渐无力反抗,其实已经在心底里开始放弃了自己的独身主义,只要他愿意,她已情愿做他的"爱的俘虏","如意新娘",可是,怎么也想不到,他却永永远远彻彻底底地离她而去了!

而且,更让她伤心的是,分手的那天,她竟没有回头再看他一眼。她想:"假如我回头看他一眼时,一定会看到他最后一次目送我的情景……"

1925年3月29日,星期日。

高君宇追悼大会。

追悼大会是中共北方区委以北大学生会的名义在北京大学第三院礼堂举行的。

这天,国民会议促成会全国代表大会特地休会一天。刚刚21岁的天津代表邓颖超一早起来,特地赶去参加高君宇的追悼会,前来悼唁的还有范鸿劼、贺昌、张叔平以及苏俄驻华大使加拉罕等,以及广大青年爱国学生、工人群众近千人,李大钊、邓中夏、王若飞等分别送了花圈、挽联。追悼会由中共北方区委主要负责人赵世炎同志主持。会场上挽词、挽联甚多,如:

爱国男儿又弱一个

读书种子遗恨千秋

事业未成君胡遽死

返魂无术我复奚言

年少是风流玉石俱焚长抱恨

满腔怀热血旌旗化赤有遗功

其中，最惹人注目的还是石评梅的挽联：

碧海青天无限路

更知何日重逢君

在追悼会上，人们没有看到高君宇最挚爱的女友石评梅。邓颖超后来回忆说："我去参加追悼会，怀着极其沉痛的心情和迫切的愿望，希望能够见到女作家石评梅。但是那天很出乎我的意料，评梅女士并没有参加追悼会，可能因为她悲痛过甚而不能参加。"邓颖超猜得没错，据高君宇的胞弟高全德回忆说："记得当年追悼会上，评梅确是没有到会。她本来是要参加追悼会的，当她来到骑河楼的时候，乃贤、庐隐、晶清……我们商量，因为君宇的死，她已晕厥过几次，不能再让她过分增加悲痛而阻止了。"

这次追悼会后，中共太原支部书记张叔平怀着无比敬仰和沉痛的心情，竟然将追悼会上的花圈、挽联、挽词等全部带回太原，在文庙又一次召开大会，沉痛悼念这位山西最早的共产党员，山西党、团组织的创始人。

党中央机关刊物《向导》《北京大学日刊》、中国共产主义青年团机关刊物《中国青年》以及《京报》及其《京报副刊》等都纷纷发表一系列悼念文章。

仅此可见，人们对高君宇的悼念是多么沉痛！他在许多人的心目中是多么有分量！

高君宇的追悼会开过之后，他的灵柩暂存在法华寺，关于他的灵柩是运回家乡山西入土，还是另行安葬，一时难以决定。

后来石评梅提议：应该按照君宇生前的愿望，把他安葬在陶然亭畔。

是的，陶然亭不仅是高君宇生前和他的战友们经常秘密活动的地方，也是他和一生中唯一爱过的姑娘石评梅常常约会散步的所在。

石评梅记得她和君宇最后一次漫游陶然亭，他曾对她说过这样一番话：

"北京城这个地方，全被军阀权贵们糟蹋得乌烟瘴气，肮脏不堪，只剩下陶然亭这块荒僻的地方，还算干净！记住，评梅，倘若你果真是爱我的朋友，我死后，就葬在这里！朋友，请记住，我今天把我身后的事，托付给你了！"

后来，高君宇在给石评梅的信中又再次提及此事。

对高君宇生前这一唯一的遗愿，中共中央及中共北方区委当然完全尊重，只是，为了避免段祺瑞政府的干预、寻衅，丧事完全以石评梅和高全德的名义进行。

在一众朋友的帮助下，高君宇被安葬在了陶然亭旁，他的墓碑上刻有石评梅亲自为他刻写的碑文：

我是宝剑，

我是火花，

我愿生如闪电之耀亮，

我愿死如彗星之迅忽。

这是君宇生前自题相片上的几句话，死后我替他刊在碑上。

君宇！我无力挽住你迅忽如彗星之生命，我只有把剩下的泪流到你坟头，直到我不能来看你的时候。

评梅

说来，无论高君宇还是石评梅，都是重情重义之人，要么不爱，要爱就爱得芳香扑鼻，爱得激情如火，爱得非同凡响，当然也爱得很痴，爱得很苦，爱得不惜一切！

自从把高君宇葬在陶然亭之后，石评梅总是自觉不自觉地来到他的墓旁，有时是在旭日初升的清晨，有时则在斜阳西下的傍晚，即便是刮风下雨大雪纷飞也一样来到这里，看望他，照看他，与他叙旧，与他谈心……那些日子里，她经常一咏三叹，长歌当哭，唱着一首凄怆的《墓畔哀歌》：

假如我的眼泪真凝成一粒一粒珍珠，到如今我已替你缀织成绕你玉颈的围巾。

假如我的相思真化作一颗一颗的红豆，到如今我已替你堆集永久勿忘的爱心。

哀愁深埋在我心头。

我愿燃烧我的肉身化成灰烬，我愿放浪我的热情怒涛汹涌，天呵！这蛇似的蜿蜒，蚕似的缠绵，就这样悄悄地偷去了我生命的青焰。

我爱，我吻遍了你墓头青草在日落黄昏；我祷告，就是空幻的梦吧，也让我再见见你的英魂。

……

如果说，活着的时候，高君宇的爱情有许多的苦恼，许多的无奈，许多的失望，许多的缺憾，那么，在他死后，他却得到了这个世界上最哀感顽艳最感天动地的爱情。正是在这个意义上，可以说，在爱情方面，高君宇既是不幸的，但又是最幸运的。从审美的角度说，他和石评梅的高石爱情丝毫不逊色于《红楼梦》中的宝黛爱情、《牡丹亭》中的柳杜爱情、《梁祝》中的梁祝爱情，而且，高石爱情远远要比那些爱情悲剧更真实，更凄婉，更崇高，更博大，更加震撼人心。

的确，高石爱情，不是传奇，却胜似传奇。

人生没有后悔药。爱情总是在失去了的时候才会感觉到它的珍贵。石评梅无疑是一个痴情的女子，高君宇离世后的每一个夜晚，对她而言，都是一个追悔莫及的夜晚，一个凄苦难耐的夜晚。

每当她在床上辗转反侧的时候，他的音容笑貌总是浮现在她的眼前，往事像潮水一样，总是铺天盖地地朝她涌来，将她的情感和记忆一次又一次浸得透湿。

在那些日子里，枕巾每天总是晒了又湿，湿了又晒，连她自己也不知道自己哪来的那么多的眼泪。

以前，在黑夜里，她并不感到孤独和寂寞，而自从他走后，她甚至感到连自己的叹息都是那样的孤单和寂寞。

痛苦寂寥的夜晚，她常常起身去看那些他先前写给她的信，那些字句和笔迹依然清晰，只是书写它的人不在了。于是，她又打开抽屉，拿出那本红色书皮的日记来，一页一页地翻看，每当这时，那片红叶总是翩然出现。

这一片红叶夹在她的日记本里已经很长时间了，是他死后她从他那里拿回来的。

高君宇生前她没能接受这一片爱的红叶，而在他死后，她接受了，并且发誓永远珍藏着它。

"我并不感伤一切既往。我是深谢着你是我生命的盾牌，你是我灵魂的主宰。从此，我是自在的流，平静的流，流到大海的一道清泉。……"

高君宇逝世后的3年中，石评梅无时无刻不在怀念着他。这个痴情的女子，这个才华横溢的女子，这个一辈子似乎只为了爱情活着与歌唱当然也包括痛苦与流泪的女子，在无尽的思念中为自己的不是"亡夫"的"亡夫"写下了许多令人感动令人唏嘘的悼亡诗文。长期沉浸在这样的痛苦中，她的身心受到了严重的摧残，终于，因为不堪忍受这种感情的折磨和精神上的莫大打击，在高君宇逝世3年后抑郁成疾，病倒在床上。

1928年9月30日，年仅26岁的石评梅患结核性脑膜炎并发肺炎而含恨辞世。

不知道是人为的巧合，还是命运的安排，颇为巧合的是，在石评梅病重并昏迷期间，朋友们也是把她送进了协和医院，而且想不到竟也是住在当年高君宇病逝前住的那间病房，连逝世的时间都几乎相同——都是凌晨两点一刻离世的！只是，这时她已不省人事，否则，她一定不会去协和医院。因为，自从高君宇在协和医院与世长辞后，她就对这家医院有一种恐惧感，并且曾一再对朋友们声称：我有病，宁死不去协和医院！

石评梅去世后，她的许多亲朋好友以及热爱她的读者都满怀悲痛，对她沉痛哀悼。根据她的遗嘱"生前未能相依共处，愿死后得并葬荒丘"，人们含着热泪将她的遗体安葬于陶然亭高君宇的墓旁，并刻石立碑，从此，人们满含深情地将这两座坟茔称作"高石之墓"。

从此，石评梅在陶然亭畔将永远地陪伴着高君宇了！高君宇再也不会感到孤独感到寂寞了！

"哪怕时光短暂，纵使人世苦短，但只要你来，阿璧，只要有你在我身边，我虽死而无憾。一切便都值得。值得了！"

高君宇
1896—1925
石评梅
1902—1928

"在天愿作比翼鸟，在地愿为连理枝。"从此，她将带着一颗少女的心，一颗圣洁的心，一颗柔情蜜意而又冰清玉洁的心，和少女浓郁醉人真挚深沉的爱，去到陶然亭畔，与自己深爱的人永远永远长相守不分离了！

陶然亭畔，绿杨芳草，荒林石墓，如今的"高石之墓"前经常游人如织，追念凭吊者不计其数。

"高石之墓"记载着两个年轻人的爱情与痛苦，和他们为理想为爱情苦苦追求的艰难历程；记载着一则革命者令人如怨如慕荡气回肠的革命故事，以及一段凄艳动人的爱情悲剧。

放眼望去，在湛蓝的天空下，高君宇和石评梅高大的石刻雕像并肩而立，无论时代的风雨四季的景色如何变幻，他和她深情坚定的眼神注定会穿越时空只为彼此停留，恰似一则不老的爱情童话。

假如九泉有知，他也应该死而无憾了。

高君宇为革命为人民奋斗了 29 个春秋，他对革命事业真正做到了鞠躬尽瘁，死而后已。在 20 世纪初，中国最黑暗的年代，他像一个逐日的夸父，在为我们这个多灾多难的国家和民族追求光明和希望的道路上，无私无畏地献出了自己年轻宝贵的生命。所以，一点儿也不夸张地说，他的一生真正是革命的一生，战斗的一生，光辉的一生。像所有为中国革命英勇牺牲的先烈一样，他将永远为中国人民所尊崇、所怀念。

图书在版编目（CIP）数据

高君宇 / 张树军主编；王相坤，丁守卫编著 . -- 北京：
学习出版社，2020.9（2021.5重印）
（中华先烈人物故事汇）
ISBN 978-7-5147-1010-6

Ⅰ.①高…　Ⅱ.①张…　②王…　③丁…　Ⅲ.①高君宇
（1896-1925）—传记　Ⅳ.①K827=6

中国版本图书馆CIP数据核字（2020）第148153号

高君宇
GAO JUNYU

主编/张树军　　副主编/王相坤　　编著/王相坤　　丁守卫

责任编辑：宋　飞　　封面绘画：徐玉华
技术编辑：贾　茹　　内文插图：刘胜军
美术编辑：杨　洪

出版发行：学习出版社
　　　　　北京市东城区崇外大街11号新成文化大厦B座11层
　　　　　（100062）
　　　　　010-66063020　010-66061634　010-66061646
网　　址：http://www.xuexiph.cn
经　　销：新华书店
印　　刷：北京市密东印刷有限公司

开　　本：787毫米×1092毫米　1/32
印　　张：5.75
字　　数：81千字
版次印次：2020年9月第1版　2021年5月第2次印刷

书　　号：ISBN 978-7-5147-1010-6
定　　价：22.00元

如有印装错误请与本社联系调换，电话：010-67081356